해커스 공인중개사

3일완성 계산문제집

1차 부동산학개론

 해커스 공인중개사

land.Hackers.com

21개의
출제유형별
기출문제로
계산문제를
정복!

부동산학개론 40문제 중에서 최근에는 평균 8~10문제가 계산문제로 출제되고 있습니다.

수험생마다 학습여건 및 학습역량이 다르므로 자신의 상황을 잘 고려하시어, 제한된 시간(1~2분 내) 안에 해결이 가능한 3~5개 정도의 문제는 선별하여 주기적으로 연습해 두실 필요가 있습니다.

계산문제는 각 분야의 이론적 개념을 수치화하여 묻는 것들이 상당수이므로, 해커스 공인중개사학원 강의나 동영상강좌를 통해 기본개념을 충실하게 잘 정리하시면 변형된 문제도 해결할 수 있습니다. 계산문제 풀이과정을 통해 각 분야의 이론적 개념을 재정립할 기회가 되며, 일거양득이 됩니다.

1 본 교재는 출제유형별·파트별 기출문제로 구성되어 있습니다. 공인중개사 시험에서 수학적 사고를 요하는 계산문제는 거의 없으므로 기출된 문제와 유사한 유형을 반복해서 학습하시면 계산문제 해결능력이 점차 개선될 것입니다.

2 유형을 변형하지 않은 정형화된 문제는 제한된 시간 안에 해결할 수 있도록 꾸준하게 연습이 필요합니다. 시간적 여유를 가지시고 본 교재 및 동영상강의를 해커스 공인중개사 학원 예상문제집 풀이과정까지 병행하시면 효과적입니다.

3 모든 계산문제를 준비하고 해결하려 하는 것은 합격점수를 받는 데 지장을 줄 수도 있습니다. 다른 과목과 부동산학개론 다른 분야의 학습에 소홀함이 없도록 적정한 수준에서 선택과 집중이 필요할 것입니다. 시험장에서 제한된 시간 내 자신의 학습역량으로 해결이 어려운 문제는 버릴 수 있어야 합니다.

본 교재의 내용은 공인중개사 전문 **해커스 공인중개사(land.Hackers. com)** 인터넷 동영상 강의로 제공되고 있으므로, 이를 활용하시면 학습효과가 점차 높아질 것이고 합격점수에 기여할 것입니다.

교재의 출간을 위하여 치밀하고 세심하게 노력해주신 최고의 편집부와 해커스 3일완성 계산문제집을 구매하여 주신 수험생 여러분께 감사의 말씀을 드립니다.

해커스는 수험생 여러분의 합격을 진심으로 기원합니다.

2024년 1월

신관식, 해커스 공인중개사시험 연구소

구성 및 특징

1 출제유형별 분석

2 출제유형별 TIP

출제유형 **17** 비율임대차

💡 **Tip**
- 비율임대차는 주로 매장용(상업용) 부동산에 적용되는 임대차유형(임대료 결정방법)으로, 기본임대료에 매출액이 늘어난 비율만큼 추가로 임대료를 결정하는 방법이다.
- 최근에 출제되었으므로 동유형의 문제가 출제될 가능성을 대비하여 둔다.
- 기출된 문제를 변형하여 계산과정의 결과인 연간 임대료가 아닌 계산의 중간 과정인 기본임대료나 손익분기점 임대료를 요구하는 문제가 출제될 수 있다.
- 기본임대료 3,000만원 = 단위면적당 임대료(P) 6만원 × 면적(Q) 500m²

3 계산 POINT

계산 Point

1. 비율임대차에 의한 임대료 계산 순서
- 문제의 보기에서 기본임대료를 찾는다. ⇨ 기본임대료 × 면적
- 예상매출액 임대료를 찾는다. ⇨ 예상매출액 임대료 × 면적
- 문제에서 제시된 손익분기점 매출액을 확인한 다음 예상매출액에서 손익분기점 매출액을 공제하여 추가임대료를 구한다.
- 추가임대료(예상임대료 – 손익분기점 매출액)에 제시된 임대료율(비율)을 곱한다.

2. 비율임대차에 의한 연 임대료

> 비율임대차에 의한 추가임대료 = 기본임대료 + 추가임대료* × 초과분의 일정 비율
>
> *추가임대료 = 예상매출액 – 손익분기점 매출액

4 문제별 난이도 분석

02 상 중 하

상가 경제상황별 예측된 확률이 다음과 같을 때, 상가의 기대수익률이 8%라고 한다. 정상적 경제상황의 경우 ( )에 들어갈 예상수익률은? (단, 주어진 조건에 한함)   제30회

상가의 경제상황		경제상황별 예상수익률(%)	상가의 기대수익률(%)
상황별	확률(%)		
비관적	20	4	
정상적	40	( )	8
낙관적	40	10	

① 4   ② 6   ③ 8   ④ 10   ⑤ 12

5 직관적인 해설

해설

- 상가의 기대수익률 8% = (0.2 × 4%) + (0.4 × x%) + (0.4 × 10%)
  = 0.8% + a% + 4%
  ⇨ a% = 3.2%
- a는 0.4 × x%이므로, x로 정리하여 구한다.
- ∴ 정상적인 상황의 예상수익률(x%) = 3.2%(= 0.032) ÷ 0.4 = 8%(= 0.08)

🔎 **더 알아보기**
투자안의 기대수익률은 각 경제상황이 발생할 확률에 경제상황별 예상(추정)수익률을 곱한 다음, 이의 합을 구하여(가중평균하여) 계산한다.

① **출제유형별 분석**

공인중개사 시험에 출제되었던 계산문제를 21개의 유형으로 분류하여 유형별 문제를 풀어봄으로써 취약한 유형을 파악할 수 있습니다. 이를 통해 자주 틀리는 유형을 반복 학습하며 실력을 올릴 수 있습니다.

---

② **출제유형별 TIP**

해당 출제유형을 풀 때 길잡이가 될 수 있는 정보와 수험방향을 확인할 수 있습니다.

---

③ **계산 POINT**

해당 출제유형을 푸는 데에 반드시 알아야 하는 공식이나 계산방식, 문제 해결능력을 높이는 데에 도움을 주는 용어 설명을 문제 풀이 전 확인해 볼 수 있습니다.

---

④ **문제별 난이도 분석**

문제마다 제시된 난이도를 통해 자신의 실력을 확인해보고 이에 맞는 문제를 선택하여 풀어볼 수 있습니다.

---

⑤ **직관적인 해설**

복잡한 계산과정을 그림과 표를 통해 직관적으로 이해할 수 있으며, 다양한 요소를 수록한 '더 알아보기'를 통해 문제를 더 잘 이해할 수 있습니다.

▶ 해커스 공인중개사 3일완성 계산문제집 무료해설강의

* 구매 인증 후 수강하실 수 있습니다.

목차

3일 완성 학습플랜

3일에 걸쳐 1회독 할 수 있는 학습플랜으로, 단기에 집중적으로 공부하고 싶은 수험생에게 추천합니다.

학습일	학습 범위	
DAY 1 ___월 ___일	PART 1 부동산경제론 및 정책론	출제유형 01 균형가격과 균형거래량의 변화
		출제유형 02 수요 · 공급함수를 통한 기울기의 절댓값
		출제유형 03 임대료규제의 초과수요량
		출제유형 04 탄력성
		출제유형 05 거미집이론에서 각 모형의 판단
	PART 2 부동산시장론	출제유형 06 정보의 현재가치
		출제유형 07 지대 및 상업입지이론
DAY 2 ___월 ___일	PART 3 부동산투자론	출제유형 08 현금(영업)수지의 측정
		출제유형 09 화폐의 시간가치(자본환원계수)
		출제유형 10 할인현금수지분석법
		출제유형 11 어림셈법, 지렛대효과, 비율분석법
		출제유형 12 회수기간법
		출제유형 13 기대수익률 계산, 표준편차의 판단
	PART 4 부동산금융론	출제유형 14 담보인정비율(LTV)과 소득대비 부채비율(DTI)
		출제유형 15 융자금(저당대출)의 상환방법
DAY 3 ___월 ___일	PART 5 부동산개발 및 관리론	출제유형 16 입지계수(LQ)
		출제유형 17 비율임대차
	PART 6 부동산감정평가론	출제유형 18 시산가액의 조정
		출제유형 19 원가법(적산가액)
		출제유형 20 거래사례비교법(비준가액), 공시지가기준법(토지가액)
		출제유형 21 환원이율(자본환원율), 수익환원법(수익가액)

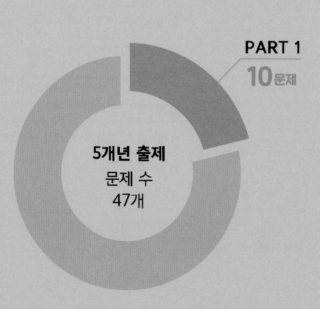

PART 1
10문제

5개년 출제
문제 수
47개

PART 1

부동산경제론 및 정책론

출제유형 01 균형가격과 균형거래량의 변화

Tip • 수요함수와 공급함수가 'Qd =, Qs ='로 정리되어 제시되었는지를 먼저 확인한다.
• 최초의 수요함수나 공급함수가 제시되고, 변화된 수요함수와 공급함수가 추가로 제시되기도 한다.
• 균형가격(P)을 먼저 계산하고, 계산된 균형가격(P)을 각 함수에 대입하여 균형거래량(Q)까지 계산한다.

계산 Point

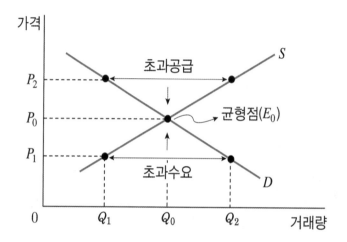

균형은 수요량(Qd)과 공급량(Qs)이 동일한 상태를 말한다(Qd = Qs).

1. 수요함수와 공급함수를 'Qd =, Qs ='으로 정리한다.

2. 해당 함수가 '2P = 100 − Qd'로 제시되면, 해당 함수(수식)를 'Qd = 100 − 2P'로 정리한다.
   여기서, 수요량(Qd)이 100 − 2P이다.

3. Qd = Qs, 즉 수요량과 공급량을 일치시켜서 균형가격(P)을 계산한다.

4. 계산된 균형가격(P)을 각 함수(수식)에 대입하여 균형거래량(Q)을 계산한다.

5. 문제 조건이 분수로 제시되기도 하므로 이에 대한 연습이 필요하다.

   예 $\frac{1}{2}$Qd = 100 − 2P ⇨ 양변에 곱하기 2를 한다. ⇨ Qd = 200 − 4P

01 아파트의 수요함수는 P = 900 − Qd, 공급함수는 P = 100 + Qs이다. 균형가격은? [단,
P는 가격(단위: 만원), Qd는 수요량(단위: m²), Qs는 공급량(단위: m²)임] 제14회

① 300만원　　　　　　　　　　② 400만원

③ 500만원　　　　　　　　　　④ 600만원

⑤ 700만원

해설

균형은 'Qd(수요량) = Qs(공급량)'에서 이루어지기 때문에, 수요함수, 공급함수 수식을 'Qd =', 'Qs ='으로 정리한다.

- 수요함수 P = 900 − Qd ⇨ Qd = 900 − P
- 공급함수 P = 100 + Qs ⇨ Qs = −100 + P
- Qd = Qs ⇨ 900 − P = −100 + P
- ∴ 2P = 1,000 ⇨ P(균형가격) = 500

더 알아보기

균형거래량을 구하고자 할 때에는 계산된 P(균형가격) = 500을 각 함수에 대입한다.

- Qd = 900 − P(500) ⇨ Qd = 400
- Qs = −100 + P(500) ⇨ Qs = 400
- ∴ Q(균형거래량) = 400

02 다음 조건에서 A지역 아파트시장이 t시점에서 (t + 1)시점으로 변화될 때, 균형가격과 균형량의 변화는? (단, 주어진 조건에 한하며, P는 가격, Qs는 공급량이며, Qd_1과 Qd_2는 수요량임)

제28회

> • 아파트 공급함수: $Qs = 2P$
> • t시점 아파트 수요함수: $Qd_1 = 900 - P$
> • (t + 1)시점 아파트 수요함수: $Qd_2 = 1,500 - P$

	균형가격	균형량
①	200 상승	400 감소
②	200 상승	400 증가
③	200 하락	400 감소
④	200 하락	400 증가
⑤	100 상승	200 증가

해설

• t시점

$900 - P = 2P$ ⇨ $3P = 900$ ∴ $P = 300$

구한 가격(P = 300)을 수요함수에 대입하면 900 − P(300)이므로, 균형량은 600(= 900 − 300)이다.

• (t + 1)시점

$1,500 - P = 2P$ ⇨ $3P = 1,500$ ∴ $P = 500$

구한 가격(P = 500)을 수요함수에 대입하면 1,500 − P(500)이므로, 균형량은 1,000(= 1,500 − 500)이다.

∴ 균형가격은 300에서 500으로 200만큼 상승하였고, 균형거래량은 600에서 1,000으로 400만큼 증가한다.

03 상중하 A지역의 기존 아파트 시장의 수요함수는 $P = -Qd + 40$, 공급함수는 $P = \frac{2}{3}Qs + 20$ 이었다. 이후 수요함수는 변하지 않고 공급함수가 $P = \frac{2}{3}Qs + 10$으로 변하였다. 다음 설명으로 옳은 것은? [단, X축은 수량, Y축은 가격, P는 가격(단위는 만원/m²), Qs는 수요량(단위는 m²), Qs는 공급량(단위는 m²)이며, 다른 조건은 동일함] 제34회

① 아파트 공급량의 증가에 따른 공급량의 변화로 공급곡선이 좌측(좌상향)으로 이동하였다.
② 기존 아파트 시장 균형가격은 22만원/m²이다.
③ 공급함수 변화 이후 아파트 시장 균형량은 12m²이다.
④ 기존 아파트 시장에서 공급함수 변화로 인한 아파트 시장 균형가격은 6만원/m²만큼 하락하였다.
⑤ 기존 아파트 시장에서 공급함수 변화로 인한 아파트 시장 균형량은 8m²만큼 증가하였다.

해설

④ 1. 균형은 Qd = Qs에서 이루어지므로, 각 수식(함수)을 'Qd =', 'Qs ='로 정리한다.
  - 수요함수: $Qd = 40 - P$
  - 공급함수: $\frac{2}{3}Qs = -20 + P$ ⇨ 양변에 $\frac{3}{2}$을 곱하여 정리한다. ⇨ $Qs = -\frac{60}{2} + \frac{3}{2}P$ ⇨ $Qs = -30 + \frac{3}{2}P$

2. 최초 균형가격과 균형거래량 계산

$40 - P = -30 + \frac{3}{2}P$ ⇨ 통분하여 정리하면 $\frac{5}{2}P = 70$ ⇨ 양변에 $\frac{2}{5}$를 곱하여 정리한다. ⇨ $P = \frac{140}{5}$

균형가격 $P_1 = 28$이며, 이를 최초의 수요함수나 공급함수에 P(28)를 대입하여 균형거래량을 계산한다.
∴ $Qd = 40 - P(28)$ ⇨ 균형거래량 $Q_1 = 12$

3. 공급함수 변화에 따른 균형가격과 균형거래량의 계산
  - 공급함수 $\frac{2}{3}Qs = -10 + P$ ⇨ 양변에 $\frac{3}{2}$을 곱하여 정리한다. ⇨ $Qs = -\frac{30}{2} + \frac{3}{2}P$ ⇨ $Qs = -15 + \frac{3}{2}P$
  - 균형은 Qd = Qs이므로, $40 - P = -15 + \frac{3}{2}P$ ⇨ 통분하여 정리하면 $\frac{5}{2}P = 55$ ⇨ 양변에 $\frac{2}{5}$를 곱하여 정리한다.

    ⇨ $P = \frac{110}{5}$

균형가격 $P_2 = 22$이며, 이를 최초의 수요함수나 공급함수에 P(22)를 대입하여 균형거래량을 계산한다.
∴ $Qd = 40 - P(22)$ ⇨ 균형거래량 $Q_2 = 18$

4. 따라서, 균형가격은 28만원에서 22만원으로 6만원 하락하고, 균형거래량은 12m²에서 18m²로 6m²만큼 증가한다.
① 공급곡선이 우측(우하향)으로 이동함에 따른 공급량의 변화이다. ⇨ 공급곡선 자체의 이동으로 '공급의 변화'에 해당한다.
② 기존 아파트 시장 균형가격은 28만원/m²이다.
③ 공급함수 변화 이후 아파트 시장 균형량은 18m²이다.
⑤ 기존 아파트 시장에서 공급함수 변화로 인한 아파트 시장 균형량은 6m²만큼 증가하였다.

💡 Tip
- 수요곡선이나 공급곡선의 기울기를 계산(판단)할 때에는 수요함수와 공급함수가 'P = '으로 정리되어 제시되었는지를 먼저 확인한다.
- 가격과 수요량이 반비례관계이므로 수요곡선 기울기 값에 음(−)의 값이 제시되지만 절댓값이므로 음(−)의 값은 고려하지 않는다.
  예 수요곡선 기울기 −0.5 ⇨ (절댓값) 0.5
- 수요의 가격탄력성이 탄력적이면(양의 변화가 많으므로) 수요곡선의 기울기는 완만해지고, 기울기의 절댓값은 작아진다.

계산 Point

1. 기울기 값
- 수요함수 $P = 100 - 4Qd$에서 숫자 '4'가 수요곡선 기울기 값이다.
- 공급함수 $P = -100 + 2Qs$에서 숫자 '2'가 공급곡선 기울기 값이다.

2. 제시된 함수가 'Qd =, Qs ='으로 정리되어 있으면 기울기 값을 계산하기 위해서는 해당 함수(수식)를 'P ='으로 정리한다.

3. 수요함수
- 시장수요함수는 개별수요함수를 수평적으로 합한 것이므로, 시장수요곡선 기울기가 더 완만하다. ⇨ 시장수요곡선 기울기의 절댓값이 더 작아진다.
- 개별수요함수 $P = 100 - 4Qd$에서 시장수요자가 2배로 늘어나면, 개별수요함수와 시장수요함수의 'P = 100'은 동일하고, 해당 함수의 기울기 값인 4를 인원수 증가분인 2(2배)로 나누어주면 새로운 시장수요함수(Q_M)가 도출된다.
- 예 $P = 100 - 4Qd$ ⇨ $P = 100 - \dfrac{4}{2}Qd$ ⇨ $P = 100 - 2Q_M$

01 상중하 어떤 부동산에 대한 시장수요함수는 P = 100 − 4Qd[여기서 P는 가격(단위: 만원, Qd는 수요량(단위: m²)]이며, 이 시장의 수요자는 모두 동일한 개별수요함수를 갖는다. 이 시장의 수요자 수가 2배로 된다면 새로운 시장수요함수는? [단, 새로운 수요량은 Q_M으로 표기하며 다른 조건은 일정하다고 가정함. 또한 이 부동산은 민간재(private goods)이며 새로운 수요자들도 원래의 수요자들과 동일한 개별함수를 갖는다고 가정함] 제19회

① $P = 100 − 4Q_M$
② $P = 100 − 2Q_M$
③ $P = 100 − 8Q_M$
④ $P = 200 − 4Q_M$
⑤ $P = 200 − 8Q_M$

해설

문제의 조건에서 '새로운 수요자들도 원래의 수요자들과 동일한 개별함수를 갖는다'라는 것은 가격변화에 모든 수요자의 양의 변화가 동일하다는 것을 의미한다.

1. 수요함수 P = 100 − 4Qd에서 숫자 '4'는 기울기(높이 ÷ 밑변)를 나타낸다. 시장참여자가 모두 동일한 개별수요함수를 갖는 다고 하였으므로 이와 동일한 우하향하는 수요곡선 그래프가 2개가 존재하며, 이를 수평적으로 합한 것이 시장수요곡선 이다.

2. 새로운 시장수요함수를 수식으로 정리하면 개별수요함수와 시장수요함수 모두 P(가격)는 100으로 동일하기 때문에 종(세로)축의 가격은 100이고, 횡(가로)축 수요량의 합은 50(밑변)이 된다. 따라서, 수요곡선의 기울기는 2[= 높이(가격 100) ÷ 밑변(수요량 50)]가 되고, 새로운 시장수요함수는 $P = 100 − 2Q_M$이 된다.

3. 문제의 조건에서 모두 동일한 수요함수를 갖는다고 하였으므로, 개별수요와 시장수요함수 모두 P(가격) = 100으로 동일하고, 최초의 수요함수 수식의 4Qd에서 기울기 값(4)만 인원 수(2배)로 나누어주면 된다.

∴ $P = 100 − 4Qd$ ⇨ $P = 100 − \dfrac{4}{2}Qd$ ⇨ $P = 100 − 2Q_M$

02 A부동산에 대한 기존 시장의 균형상태에서 수요함수는 P = 200 − 2Qd, 공급함수는 2P
상중 하 = 40 + Qs이다. 시장의 수요자 수가 2배로 증가되는 경우, 새로운 시장의 균형가격과 기존 시장의 균형가격간의 차액은? [단, P는 가격(단위: 만원), Qd는 수요량(단위: m²)이며, Qs는 공급량(단위: m²)이며 A부동산은 민간재(private goods)로 시장의 수요자는 모두 동일한 개별수요함수를 가지며, 다른 조건은 동일함]

제32회

① 24만원

② 48만원

③ 56만원

④ 72만원

⑤ 80만원

해설

1. 균형은 'Qd = Qs'에서 이뤄지므로, 최초의 균형가격을 계산하기 위해 각 함수를 'Qd =', 'Qs ='으로 정리한다.
   - 수요함수: P = 200 − 2Qd ⇨ 2Qd = 200 − P

   양변을 나누기 2하여 수식을 정리하면 수요함수는 $Qd = 100 − \frac{1}{2}P$이다.

   - 공급함수: 2P = 40 + Qs ⇨ Qs = −40 + 2P
2. 최초 균형가격(Qd = Qs)

   $100 − \frac{1}{2}P = −40 + 2P$ ⇨ $\frac{5}{2}P = 140$ ⇨ $\frac{2}{5} × \frac{5}{2}P = 140 × \frac{2}{5}$

   ∴ $P_1 = 56$
3. 시장의 수요자 수가 2배로 증가되는 경우의 균형가격(Qd = Qs)
   - 최초의 수요함수 P = 200 − 2Qd

   수요자 수가 2배로 증가하는 경우에는 최초의 수요함수의 수식에서 기울기 값(2)만을 나눈다.

   즉, 인원 수(2)를 나누면 P = 200 − 2Qd ⇨ 새로운 시장수요함수: P = 200 − Qd
   - 균형가격을 계산하기 위해 수요함수를 정리하면 Qd = 200 − P이다.
   - 균형가격(Qd = Qs): 200 − P = −40 + 2P ⇨ 3P = 240 ∴$P_2 = 80$
4. 최초의 균형가격은 56만원이고, 수요자 수가 2배로 증가했을 때 균형가격은 80만원이다. 따라서, 균형가격의 차액은 24만 원(= 80만원 − 56만원)이다.

03 상 중 하 A지역 아파트시장에서 수요함수는 일정한데, 공급함수는 다음 조건과 같이 변화하였다. 이 경우 균형가격(㉠)과 공급곡선의 기울기(㉡)는 어떻게 변화하였는가? (단, 가격과 수량의 단위는 무시하며, 주어진 조건에 한함)

제31회

- 공급함수: $Qs_1 = 30 + P$(이전) ⇨ $Qs_2 = 30 + 2P$(이후)
- 수요함수: $Qd = 150 - 2P$
- P는 가격, Qs는 공급량, Qd는 수요량, X축은 수량, Y축은 가격을 나타냄

	㉠	㉡		㉠	㉡
①	10 감소	$\frac{1}{2}$ 감소	②	10 감소	1 감소
③	10 증가	1 증가	④	20 감소	$\frac{1}{2}$ 감소
⑤	20 증가	$\frac{1}{2}$ 증가			

해설

㉠ 균형은 수요량과 공급량이 동일한 상태이므로, 수식을 Qd = Qs로 정리하고 균형가격을 구한다.
- 첫 번째 균형가격: $150 - 2P_1 = 30 + P_1$ ⇨ $3P_1 = 120$
  ∴ $P_1 = 40$이므로, 균형가격은 40이다.
- 두 번째 균형가격: $150 - 2P_2 = 30 + 2P_2$ ⇨ $4P_2 = 120$
  ∴ $P_2 = 30$이므로, 균형가격은 30이다.
  따라서, 균형가격은 40에서 30으로 10만큼 감소(하락)한다.
㉡ 공급곡선 기울기 값을 찾기 위해 공급함수 수식을 'P ='으로 정리한다.
- $Qs_1 = 30 + P$(이전) ⇨ $P = -30 + Qs_1$, 따라서, 최초 공급곡선 기울기는 1이다.
  (공급함수에서 Qs_1의 앞에는 기울기 값인 숫자 '1'이 생략되어 있다)
- $Qs_2 = 30 + 2P$(이후) ⇨ $2P = -30 + Qs_2$, 기울기 값을 찾기 위해 수식의 양변을 2로 나누어주면

  $P = -15 + \frac{1}{2}Qs_2$이므로, 기울기는 $\frac{1}{2}$이다.

  따라서, 공급곡선 기울기는 최초 1에서 $\frac{1}{2}$로 $\frac{1}{2}$만큼 감소한다.

출제유형 03 임대료규제의 초과수요량

💡 **Tip** • 시장균형임대료 이하로 임대료를 규제하면 초과수요(공급 감소, 수요 증가)가 발생한다.
- 단기보다 장기에 초과수요량이 더 많아진다.
- 시장균형임대료 이상으로 임대료를 규제하면 시장에서는 아무런 변화가 발생하지 않는다. 즉, 임차인 보호효과가 없다.

계산 Point

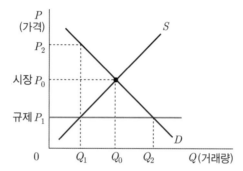

1. 수요함수와 공급함수가 'Qd =, Qs ='으로 정리되어 있는지 확인한다.
2. 수요함수와 공급함수가 'P ='으로 제시될 경우에는 해당 함수(수식)를 'Qd =, Qs ='으로 정리한다.
3. 각 함수에 규제임대료(P)를 대입하여 수요량과 공급량을 계산한다.
4. 단기와 장기로 구분하여 초과수요량을 계산할 때에는 도표화한다.

 임대아파트의 수요함수는 Qd = 1,400 − 2P, 공급함수는 Qs = 200 + 4P라고 하자. 이때 정부가 아파트임대료를 150만원/m²으로 규제하였다. 이 규제하에서 시장의 초과수요 또는 초과공급상황과 그 수량은? [여기서 P는 가격(단위: 만원), Qd · Qs는 각각 수요량과 공급량(단위: m²), 다른 조건은 불변이라고 가정함]

제16회

① 초과수요 100m²   ② 초과수요 300m²
③ 초과공급 100m²   ④ 초과공급 200m²
⑤ 초과공급 300m²

해설

시장균형가격(임대료) 이하로 임대료를 규제하면 임대주택공급은 감소하고 수요는 증가하여 임대주택에 대한 초과수요가 발생한다. 정부가 아파트임대료를 150만원으로 규제하였으므로 각각의 수요함수와 공급함수에 P=150을 대입하면 다음과 같다.

- 수요량(Qd): 1,400 − 2P = 1,400 − (2 × 150) = 1,100m²
- 공급량(Qs): 200 + 4P = 200 + (4 × 150) = 800m²

따라서 초과수요량은 1,100 − 800 = 300(m²)이 된다.

02
상 중 하

어느 도시의 임대주택에 대한 단기공급함수는 Q = 100, 장기공급함수는 Q = 2P − 100 이다. 임대주택에 대한 수요함수는 Q = 200 − P이다. 수요함수는 장단기 동일하다. 만일 정부가 임대주택의 호당 임대료를 월 90만원으로 통제할 경우, 임대주택의 부족량은 단기와 장기에 각각 얼마인가? [Q는 임대주택 수(단위: 호), P는 임대주택 호당 월 임대료(단위: 만원), 모든 임대주택은 동일한 양과 질의 주거서비스를 제공한다고 가정]

제18회

① 단기 10호, 장기 20호
② 단기 10호, 장기 30호
③ 단기 20호, 장기 30호
④ 단기 20호, 장기 40호
⑤ 단기 30호, 장기 40호

해설

1. 각 함수의 수식 P(가격)에 규제임대료 90만원을 대입하여 단기와 장기의 수요량과 공급량을 계산한다. 임대료를 시장균형임대료 이하로 규제하면, 단기보다 장기에 초과수요량은 더 많아진다.

구분	단기	장기
수요량	200 − P(90) = 110	200 − P(90) = 110
공급량	100	2P(90) − 100 = 80
상황	초과수요 10	초과수요 30

2. 규제임대료 90만원을 P에 대입하여 수요량과 공급량을 각각 계산한다.
   ⓐ 단기
   - 공급량 Q = 100
   - 수요량 Q = 200 − 90 = 110
   따라서 초과수요가 10호 발생한다.
   ⓑ 장기
   - 공급량 Q = (2 × 90) − 100 = 80
   - 수요량 Q = 200 − 90 = 110
   따라서 초과수요가 30호 발생한다.

정답 | 01 ② 02 ②

출제유형 **04** 탄력성

💡 **Tip** 1. 탄력성

- 수요의 가격탄력성 = $\dfrac{\text{수요량의 변화율}}{\text{가격 변화율}}$ ⇨ 가격과 수요량은 반비례관계

- 공급의 가격탄력성 = $\dfrac{\text{공급량의 변화율}}{\text{가격 변화율}}$ ⇨ 가격과 공급은 비례관계

- 수요의 소득탄력성 = $\dfrac{\text{수요량의 변화율}}{\text{소득 변화율}}$ ⇨ 정상재 / 열등재의 구분

- 수요의 교차탄력성 = $\dfrac{\text{Y재 수요량의 변화율}}{\text{X재 가격 변화율}}$ ⇨ 대체관계 / 보완관계의 구분

  2. 수요의 가격탄력성과 공급의 가격탄력성은 1보다 클 경우 탄력적, 1보다 작을 경우 비탄력적이라고 한다.
  3. 수요의 소득탄력성과 수요의 교차탄력성은 탄력적이냐, 비탄력적이냐의 구분 개념이 아니다.

계산 **Point**

1. 문제에서 무엇에 대해 계산을 요구하는지 파악이 되어야 한다.
2. 탄력성의 전체 값을 구하는 문제인지, 분자 값을 구하는 문제인지, 분모 값을 구하는지 파악한다.

   - 탄력성 $X = \dfrac{B}{A}$ 에서 X값을 계산할 때에는 $B \div A = X$

   - 탄력성 $X = \dfrac{B}{A}$ 에서 B값을 계산할 때에는 $A \times X = B$

   - 탄력성 $X = \dfrac{B}{A}$ 에서 A값을 계산할 때에는 A와 X의 위치를 바꾸어서 $B \div X = A$

3. 문제에서 제시된 조건을 해당 수식에 대입하여 계산한다.
4. 탄력성 조건이 2개 이상이 제시될 경우, 해당 탄력성 수식들을 횡으로(옆으로) 작성하여 전체 수요량의 변화 등을 판단한다.

01

상 중 하

어느 부동산의 가격이 5% 하락하였는데 수요량이 7% 증가했다면, 이 부동산수요의 가격 탄력성은? (다만, 다른 조건은 동일함) 제21회

① 0.35

② 0.714

③ 1.04

④ 1.4

⑤ 1.714

해설

수요의 가격탄력성은 가격변화율에 대한 수요량의 변화율을 말하며, 가격과 수요량은 반비례관계이다.

$$수요의\ 가격탄력성 = \frac{수요량의\ 변화율\ 7\%\uparrow}{가격의\ 변화율\ 5\%\downarrow} = 1.4$$

02

상 중 하

어느 지역의 오피스텔가격이 4% 인상되었다. 오피스텔수요의 가격탄력성이 2.0이라면, 오피스텔수요량의 변화는? (단, 오피스텔은 정상재이고, 가격탄력성은 절댓값으로 나타내며, 다른 조건은 동일함) 제25회

① 4% 증가

② 4% 감소

③ 8% 증가

④ 8% 감소

⑤ 변화 없음

해설

가격(원인)과 수요량(결과)은 반비례관계이다.

$$수요의\ 가격탄력성\ 2.0 = \frac{수요량\ 변화율}{가격\ 변화율} = \frac{x\%\ 감소}{4\%\ 상승}$$

수요량의 변화율(x)은 8%(= 2.0 × 4%)이고, 따라서 오피스텔수요량의 변화율은 8% 감소한다.

⇨ 수요의 가격탄력성이 2일 때, 오피스텔 가격이 4% 인상되자(상승하면) 오피스텔 수요량은 8% 감소한다.

03

상**중**하

다음 중 ( ) 안이 올바르게 묶인 것은? (다만, 중간점을 이용하여 계산한 탄력성임)

제20회

> 사무실의 월 임대료가 9만원에서 11만원으로 상승할 때 사무실의 수요량이 108m²에서 92m²로 감소하였다. 이때 수요의 가격탄력성은 (A)이며, 이 수요의 가격탄력성을 (B)이라고 할 수 있다.

	A	B		A	B
①	0.9	탄력적	②	1.0	단위탄력적
③	0.8	비탄력적	④	1.1	비탄력적
⑤	1.2	탄력적			

해설

최초값을 기준으로 탄력성을 구할 때 우하향하는 수요곡선상의 측정지점에 따라 가격탄력성이 달라지므로, 이를 보완하기 위한 것이 중간점을 이용한 가격탄력성이다(산술평균값을 기준으로 계산한다).
- 가격의 변화분 2만원 ⇦ 9만원(P_1)과 11만원(P_2)의 차이
- 수요량의 변화분 16m² ⇦ 108m²(Q_1)과 92m²(Q_2)의 차이

$$\therefore \text{A: 수요의 가격탄력성(중간점)} = \frac{\dfrac{\Delta Q(16)}{Q_1(108) + Q_2(92)}}{\dfrac{\Delta P(2)}{P_1(9) + P_2(11)}} = \frac{0.08}{0.1} = 0.8$$

∴ B: 수요의 가격탄력성이 '1'보다 작으므로 비탄력적이다.

04

상중 하

다음의 ( )에 들어갈 내용으로 옳은 것은? (단, P는 가격, Qd는 수요량이며, 조건은 동일함)

제30회

> 어떤 도시의 이동식 임대주택 시장의 수요함수는 Qd = 800 − 2P, 공급함수는 P_1 = 200이다. 공급함수가 P_2 = 300으로 변할 경우 균형거래량의 변화량은 (㉠)이고, 공급곡선은 가격에 대하여 (㉡)이다.

① ㉠: 100 증가, ㉡: 완전탄력적

② ㉠: 100 증가, ㉡: 완전비탄력적

③ ㉠: 100 증가, ㉡: 단위탄력적

④ ㉠: 200 감소, ㉡: 완전비탄력적

⑤ ㉠: 200 감소, ㉡: 완전탄력적

해설

⊙은 '200 감소', ⓒ은 '완전탄력적'이다.

⊙ 균형은 수요량(Qd)과 공급량(Qs)이 동일한 상태를 말한다.

- 수요함수는 Qd = 800 − 2P, 공급함수는 P_1 = 200이므로 두 곡선이 만나는 점이 최초의 균형상태이다.
- 수요량 800 − 2P의 수식에 P_1 = 200을 대입하여 그 양을 구하면 800 − 2P(200) = 400이다.
- 수요량 800 − 2P의 수식에 P_2 = 300을 대입하여 그 양을 구하면 800 − 2P(300) = 200이다.

따라서, 균형거래량은 400에서 200으로 200이 감소한다.

ⓒ 공급함수 P_1 = 200, P_2 = 300이라는 것은 공급곡선이 가격(종축, 세로축)에 대해 수평선 형태로 나타난다. 따라서 공급곡선은 가격에 대해 완전탄력적이다.

05 상 중 하

아파트공간에 대한 수요의 임대료탄력성은 0.8이고, 소득탄력성은 0.5이다. 아파트임대료가 10% 상승하였음에도 아파트수요량은 2% 증가하였다. 그렇다면 소득은 얼마나 변하였을까? (단, 임대료와 소득 이외에는 다른 변화가 없다고 가정함) 제18회

① 8% 증가
② 12% 증가
③ 16% 증가
④ 20% 증가
⑤ 24% 증가

해설

1. 임대료탄력성에 따른 수요량 8% 감소 + 소득탄력성에 따른 수요량 10% 증가 ⇨ 전체 수요량 2% 증가

$$\text{(임대료탄력성 0.8} = \frac{8\%\downarrow}{10\%\uparrow}) + \text{(소득탄력성 0.5} = \frac{\text{(a) }10\%\uparrow}{b}) ⇨ \text{전체 변화율 2\% 증가}$$

2. 임대료탄력성 0.8 $= \dfrac{\text{수요량의 변화율(X)}}{\text{임대료 변화율 }10\%\uparrow}$이므로 임대료가 10% 상승하면 수요량(X)은 8%(= 0.8 × 10%) 감소한다(가격과 수요량은 반비례관계).

3. 그럼에도 소득탄력성까지 고려한 전체 수요량이 2% 증가하였다는 것은 소득탄력성 조건에 따른 수요량의 변화율(a)은 10% 증가했다는 의미이다.

4. 따라서, 수요의 소득탄력성 0.5 $= \dfrac{\text{수요량의 변화율(a) }10\%\uparrow}{\text{소득 변화율(b)}}$이므로 소득탄력성의 분모값인 소득변화(증가)율(b)은 10% ÷ 0.5 = 20%이다. 즉, 소득탄력성 조건에 따른 수요량이 10% 증가하기 위해서는 소득이 20% 증가하여야 한다.

정답 | 03 ③   04 ⑤   05 ④

06

상중하

A부동산에 대한 수요의 가격탄력성과 소득탄력성이 각각 0.9와 0.5이다. A부동산 가격이 2% 상승하고 소득이 4% 증가할 경우, A부동산 수요량의 전체 변화율(%)은? (단, A부동산은 정상재이고, 가격탄력성은 절댓값으로 나타내며, 다른 조건은 동일함) 제24회

① 0.2

② 1.4

③ 1.8

④ 2.5

⑤ 3.8

해설

1. 가격(원인)과 수요량(결과)은 반비례관계이다.

- 수요의 가격탄력성 = $\dfrac{\text{수요량 변화율}}{\text{가격 변화율}}$

  $0.9 = \dfrac{\text{수요량 감소율}}{2\% \text{ 상승}}$

⇨ 수요량은 1.8%(= 0.9 × 2) 감소한다.

2. 수요의 소득탄력성이 0보다 크면 소득의 증가로 수요량이 증가하는 정상재(우등재)에 해당한다.

- 수요의 소득탄력성 = $\dfrac{\text{수요량 변화율}}{\text{소득 변화율}}$

  $0.5 = \dfrac{\text{수요량 증가율}}{4\% \text{ 증가}}$

⇨ 수요량은 2%(= 0.5 × 4) 증가한다.

> (가격탄력성 0.9 = $\dfrac{1.8\%↓}{2\%↑}$ + 소득탄력성 0.5 = $\dfrac{2\%↑}{4\%↓}$) ⇨ 전체 수요량 변화율 0.2% 증가

∴ 두 조건을 반영한 전체 수요량은 0.2%(= −1.8% + 2%) 증가한다.

(수요의 가격탄력성 조건에 따른 수요량 1.8% 감소 + 수요의 소득탄력성 조건에 따른 수요량 2% 증가)

07

상중하

아파트 매매가격이 10% 상승할 때, 아파트 매매수요량이 5% 감소하고 오피스텔 매매수요량이 8% 증가하였다. 이 때 아파트 매매수요의 가격탄력성의 정도(A), 오피스텔 매매수요의 교차탄력성(B), 아파트에 대한 오피스텔의 관계(C)는? (단, 수요의 가격탄력성은 절댓값이며, 다른 조건은 동일함) 제32회

① A: 비탄력적,   B: 0.5,   C: 대체재

② A: 탄력적,   B: 0.5,   C: 보완재

③ A: 비탄력적,   B: 0.8,   C: 대체재

④ A: 탄력적,   B: 0.8,   C: 보완재

⑤ A: 비탄력적,   B: 1.0,   C: 대체재

- A: 아파트 수요의 가격탄력성 $0.5 = \dfrac{\text{수요량의 변화율 5\% } \downarrow}{\text{가격변화율 10\% } \uparrow}$

따라서, 가격변화율보다 수요량의 변화율이 더 작으므로 비탄력적이다.
- B, C: 아파트가격에 대한 오피스텔 수요의 교차탄력성

$0.8 = \dfrac{\text{오피스텔 수요량의 변화율 8\% } \uparrow}{\text{아파트 가격변화율 10\% } \uparrow}$

따라서, 아파트가격 상승으로(아파트 수요량은 감소하고) 오피스텔의 수요량이 증가하였으므로, 두 재화는 대체관계이다. 교차탄력성이 0.8(+값)이면 두 재화는 대체관계이다.

PART1

부동산경제론 및 정책론

08 _상 중 하

어느 지역의 오피스텔에 대한 수요의 가격탄력성은 0.6이고 소득탄력성은 0.5이다. 오피스텔 가격이 5% 상승함과 동시에 소득이 변하여 전체 수요량이 1% 감소하였다면, 이때 소득의 변화율은? (단, 오피스텔은 정상재이고, 수요의 가격탄력성은 절댓값으로 나타내며, 다른 조건은 동일함)

제29회

① 1% 증가
② 2% 증가
③ 3% 증가
④ 4% 증가
⑤ 5% 증가

수요의 가격탄력성과 수요의 소득탄력성 두 가지 조건을 고려하여 전체 수요량이 1% 감소하였다는 것이고, 이에 따른 소득의 변화율을 묻고 있다.

가격탄력성에 따른 수요량 3% 감소 + 소득탄력성에 따른 수요량 2% 증가 ⇨ 전체 수요량 1% 감소

$$\left(\text{가격탄력성 } 0.6 = \frac{3\% \downarrow}{5\% \uparrow} + \text{소득탄력성 } 0.5 = \frac{a \uparrow}{b \uparrow} \right) \Rightarrow \text{전체 수요량 변화율 1\% 감소}$$

수요의 가격탄력성 $0.6 = \dfrac{\text{수요량의 변화율}}{\text{가격 변화율 5\% } \uparrow}$ 이므로, 가격이 5% 상승하면 수요량은 3%(= 0.6 × 5%) 감소한다(가격과 수요량은 반비례관계). 그럼에도 소득탄력성까지 고려한 전체 수요량이 1% 감소하였다는 것은 소득탄력성 조건에 따른 수요량의 변화율(a)은 2% 증가했다는 의미이다.

따라서, 수요의 소득탄력성 $0.5 = \dfrac{\text{수요량의 변화율 2\% } \uparrow}{\text{소득 변화율(b)}}$ 이므로, 소득탄력성의 분모 값인 소득변화(증가)율(b)은 2% ÷ 0.5 = 4%이다. 즉, 소득탄력성 조건에 따른 수요량이 2% 증가하기 위해서는 소득이 4% 증가하여야 한다.

09 상중하 아래 예문의 (   ) 안에 들어갈 숫자는?

> 주택시장이 서로 대체관계에 있는 아파트와 빌라로 구성되어 있으며, 아파트가격에 대한 빌라수요의 교차탄력성은 0.8이라고 가정하자. 아파트가격이 1,600만원에서 2,000만원으로 상승한다면, 빌라의 수요량은 1,200세대에서 (   )세대로 증가할 것이다(단, 탄력성 계산시 기준가격과 수요량은 최초의 값으로 한다).

① 1,280
② 1,380
③ 1,440
④ 1,600
⑤ 1,860

해설

1. 수요의 교차탄력성 $0.8 = \dfrac{빌라\ 수요량의\ 변화율}{아파트\ 가격의\ 변화율}$

   ⇨ 교차탄력성이 양수(+) 값이므로 두 재화는 대체관계이다.

2. $0.8 = \dfrac{빌라\ 수요량의\ 변화율(a)}{\dfrac{아파트가격\ 변화분\ 400만원}{아파트\ 최초가격\ 1,600만원} = \uparrow(0.25\uparrow)}$

   - 아파트가격이 1,600만원에서 2,000만원으로 상승 ⇨ 아파트가격 변화분 400만원이므로, 분모 값은 '400만원 ÷ 1,600만원 = 0.25(25%) 상승'이다.
   - 따라서, 분자 값 빌라 수요량의 변화율(a) = 0.2(20%) 상승(= 0.8 × 0.25)이다.

3. 대체재의 가격이 상승하면(대체재 수요량 감소), 해당 재화의 수요는 증가하므로, 아파트가격이 25% 상승함에 따라(아파트 수요량은 감소하고) 이에 따라 빌라의 수요량은 20% 증가한다.

∴ 빌라의 수요량은 최초의 1,200세대에서 20%(240세대) 증가하여 1,440세대로 늘어나게 된다. ⇦ 1,200세대 + 240(= 1,200 × 0.2)세대 = 1,440세대

10 상중하

아파트에 대한 수요의 가격탄력성은 0.6, 소득탄력성은 0.4이고, 오피스텔가격에 대한 아파트 수요량의 교차탄력성은 0.2이다. 아파트가격, 아파트수요자의 소득, 오피스텔 가격이 각각 3%씩 상승할 때, 아파트 전체 수요량의 변화율은? (단, 두 부동산은 모두 정상재이고 서로 대체재이며, 아파트에 대한 수요의 가격탄력성은 절댓값으로 나타내며, 다른 조건은 동일함)

제30회

① 1.2% 감소
② 1.8% 증가
③ 2.4% 감소
④ 3.6% 증가
⑤ 변화 없음

해설

수요의 가격탄력성, 수요의 소득탄력성, 교차탄력성 세 가지 조건을 활용한 아파트 전체 수요량의 변화율을 구하는 문제이다.

- 수요의 가격탄력성 $= \dfrac{\text{수요량 변화율}}{\text{가격 변화율}}$

  $0.6 = \dfrac{1.8\% \text{ 감소}}{3\% \text{ 상승}}$

  ⇨ 아파트의 수요량은 1.8%(= 0.6 × 3%) 감소한다(가격과 수요량은 반비례관계).

- 수요의 소득탄력성 $= \dfrac{\text{수요량 변화율}}{\text{소득 변화율}}$

  $0.4(\text{정상재}) = \dfrac{1.2\% \text{ 증가}}{3\% \text{ 증가}}$

  ⇨ 아파트의 수요량은 1.2%(= 0.4 × 3%) 증가한다.

- 수요의 교차탄력성 $= \dfrac{\text{아파트수요량 변화율}}{\text{오피스텔가격 변화율}}$

  $0.2(\text{대체관계}) = \dfrac{0.6\% \text{ 증가}}{3\% \text{ 상승}}$

  ⇨ 아파트의 수요량은 0.6%(= 0.2 × 3%) 증가한다.

> 가격탄력성 0.6 $= \dfrac{\text{아파트수요량의 변화율 } 1.8\%\downarrow}{\text{아파트가격 변화율 } 3\%\uparrow}$
>
> $+$
>
> 소득탄력성 0.4 $= \dfrac{\text{아파트수요량의 변화율 } 1.2\%\uparrow}{\text{소득 변화율 } 3\%\uparrow}$ ⇨ 분자 값인 아파트 총 수요량 변화 없음(0)
>
> $+$
>
> 교차탄력성 0.2 $= \dfrac{\text{아파트수요량의 변화율 } 0.6\%\uparrow}{\text{오피스텔가격 변화율 } 3\% \text{ 상승}\uparrow}$

∴ 아파트의 가격 상승으로 아파트의 수요량이 1.8% 감소하였고, 소득 증가와 오피스텔가격 변화로 아파트수요량이 1.8% 증가(= 1.2% 증가 + 0.6% 증가)하였으므로 전체 아파트의 수요량은 변화가 없다.

11 오피스텔 시장에서 수요의 가격탄력성은 0.5이고, 오피스텔의 대체재인 아파트 가격에 대한 오피스텔 수요의 교차탄력성은 0.3이다. 오피스텔가격, 오피스텔 수요자의 소득, 아파트가격이 각각 5%씩 상승함에 따른 오피스텔 전체 수요량의 변화율이 1%라고 하면, 오피스텔 수요의 소득탄력성은? (단, 오피스텔과 아파트 모두 정상재이고, 수요의 가격 탄력성은 절댓값으로 나타내며, 다른 조건은 동일함)

제33회

① 0.2

② 0.4

③ 0.6

④ 0.8

⑤ 1.0

해설

1. 오피스텔 수요의 가격탄력성 0.5 ⇨ 오피스텔가격 5% 상승으로 오피스텔 수요량이 2.5% 감소하고,

2. 아파트가격에 대한 오피스텔 수요의 교차탄력성 0.3 ⇨ 아파트가격 5% 상승으로 오피스텔 수요량이 1.5% 증가하였으므로, 소득탄력성 x에 의한 소득 5% 증가로 오피스텔 수요량이 2% 증가하여야만, 이 세 가지 조건에 따른 오피스텔 전체(총) 수요량이 1% 증가하게 된다.

> ⓐ 가격탄력성에 의한 수요량 2.5% 감소 +
> ⓑ 교차탄력성에 의한 수요량 1.5% 증가 ⇨ 오피스텔 전체 수요량 1% 증가
> ⓒ 소득탄력성에 의한 수요량 2% 증가 +

즉, ⓐ 2.5% 감소 + ⓑ 1.5% 증가 + ⓒ 2% 증가 = 전체 수요량 1% 증가

3. [(가격탄력성 $0.5 = \dfrac{ⓐ\ 2.5\%↓}{5\%↑}$) + (교차탄력성 $0.3 = \dfrac{ⓑ\ 오피스텔\ 수요량\ 1.5\%↑}{아파트가격\ 5\%↑}$)

+ (소득탄력성 $x = \dfrac{ⓒ\ 수요량\ 2\%↑}{소득\ 5\%↑}$)] ⇨ 분자 값: 오피스텔 전체 수요량 1%↑

오피스텔수요의 가격탄력성, 아파트가격변화율에 대한 오피스텔수요의 교차탄력성, 수요의 소득탄력성의 세 가지 조건을 모두 고려(반영)한 오피스텔의 전체 수요량의 변화율이 1%라는 의미이다.

4. 따라서 소득탄력성 x는 0.40이다.

12

상 중 하

다음 아파트에 대한 다세대주택 수요의 교차탄력성은? (단, 주어진 조건에 한함) 제28회

- 가구소득이 10% 상승하고 아파트가격은 5% 상승했을 때, 다세대주택 수요는 8% 증가
- 다세대주택 수요는 소득탄력성은 0.6이며, 다세대주택과 아파트는 대체관계임

① 0.1
② 0.2
③ 0.3
④ 0.4
⑤ 0.5

해설

아파트가격 5% 상승과 소득 10% 증가로 인한 다세대주택의 수요량 증가분의 합이 총 8%이다.

이 중에서 소득탄력성(0.6)에 따른 다세대주택 수요량이 6% 증가, 나머지(a) 2%는 아파트가격 변화에 따른 다세대주택 수요량 증가분이다.

$$\left[\text{소득탄력성 } 0.6 = \frac{\text{수요량 } 6\% \uparrow}{\text{소득 } 10\% \uparrow} \right] + \left[\text{교차탄력성(b)} = \frac{\text{다세대주택 수요량(a)}}{\text{아파트가격 } 5\% \uparrow} \right] \Rightarrow \text{다세대주택 총 수요량 8\% 증가}$$

⇨ 소득탄력성에 따른 다세대주택 수요량 증가분 6% + 교차탄력성에 따른 다세대주택 수요량 증가분(a) 2%

= 다세대주택 총 수요량 8% 증가

따라서, 교차탄력성(b) $0.4 = \dfrac{\text{다세대주택 수요량 } 2\% \uparrow}{\text{아파트가격 변화율 } 5\% \uparrow}$

💡 **Tip** • 공급의 가격탄력성이 비탄력적일수록(작을수록), 공급곡선 기울기가 급할수록, 공급곡선 기울기의 절댓값이 클수록
⇨ 수렴형

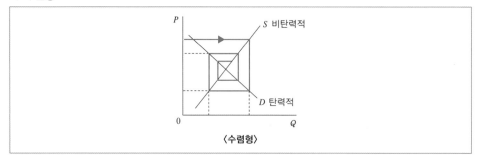

〈수렴형〉

• 공급의 가격탄력성이 탄력적일수록(클수록), 공급곡선 기울기가 완만할수록, 공급곡선 기울기의 절댓값이 작을수록
⇨ 발산형

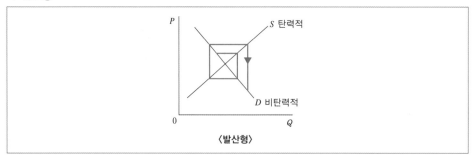

〈발산형〉

• 수요의 가격탄력성과 공급의 가격탄력성이 동일할 경우, 수요곡선 기울기와 공급곡선 기울기 값이 동일할 경우
⇨ 순환형

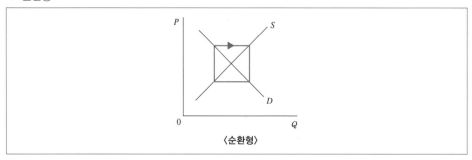

〈순환형〉

계산 Point

1. 제시된 조건이 가격탄력성인지, 곡선의 기울기 값인지를 잘 구분하여야 한다.
2. 기울기는 절댓값이므로, 제시된 수요곡선 기울기가 −0.5일 경우 ⇨ 0.5로 읽는다.
3. **기울기 값**
   - 수요함수 $P = 100 - 4Qd$에서 숫자 '4'가 수요곡선 기울기 값이다.
   - 공급함수 $P = 100 + 2Qs$에서 숫자 '2'가 공급곡선 기울기 값이다.
4. 제시된 함수가 'Qd =, Qs ='으로 정리되어 있으면 기울기 값을 계산하기 위해서는 해당 함수(수식)를 'P ='으로 정리하여 기울기 값을 찾는다.
5. **분수 개념의 활용**
   - 수요함수 $2P = 100 - 4Qd$가 제시될 경우, 양변을 나누기 2하여 'P='으로 정리한다.
     ⇨ $P = 50 - 2Qd$, 기울기 값 2
   - 수요함수 $\frac{1}{2}P = 100 - 4Qd$가 제시될 경우, 양변을 곱하기 2하여 'P ='으로 정리한다.
     ⇨ $P = 200 - 8Qd$, 기울기 값 8

01 A·B·C부동산시장이 다음과 같을 때 거미집이론에 따른 각 시장의 모형형태는? (단,
상**중**하 X축은 수량, Y축은 가격을 나타내며, 다른 조건은 동일함)

제27회

구분	A시장	B시장	C시장
수요곡선 기울기	−0.8	−0.3	−0.6
공급곡선 기울기	0.6	0.3	1.2

	A	B	C			A	B	C
①	수렴형	발산형	순환형		②	순환형	발산형	수렴형
③	발산형	수렴형	순환형		④	수렴형	순환형	발산형
⑤	발산형	순환형	수렴형					

해설

해당 문제는 가격탄력성이 아니라 기울기 값을 제시하였다.
수요곡선은 음(−)의 기울기를 가지나, 음(−)의 값을 무시하고 절댓값을 판단하여야 한다.
• A시장: 수요곡선 기울기의 절댓값(0.8)보다 공급곡선 기울기의 절댓값(0.6)이 작다. 즉, 공급이 탄력적이므로 발산형이다.
• B시장: 수요곡선과 공급곡선 기울기의 절댓값(= 0.3/0.3)이 같으므로 순환형이다.
• C시장: 수요곡선 기울기의 절댓값(0.6)보다 공급곡선 기울기의 절댓값(1.2)이 크다. 즉, 공급이 비탄력적이므로 수렴형이다.

더 알아보기

• 공급의 가격탄력성이 비탄력적일수록, 공급곡선 기울기의 절댓값이 클수록 균형으로 수렴한다.
• 공급의 가격탄력성이 탄력적일수록, 공급곡선 기울기의 절댓값이 작을수록 균형을 이탈, 발산형으로 나타난다.

02
상 중 하

A와 B부동산시장의 함수조건하에서 가격변화에 따른 동태적 장기 조정과정을 설명한 거미집이론(Cob-web theory)에 의한 모형형태는? (단, P는 가격, Qd는 수요량, Qs는 공급량이고, 가격변화에 수요는 즉각적인 반응을 보이지만 공급은 시간적인 차이를 두고 반응하며, 다른 조건은 동일함)

제25회

- A부동산시장: $2P = 500 - Qd$, $3P = 300 + 4Qs$
- B부동산시장: $P = 400 - 2Qd$, $2P = 100 + 4Qs$

① A: 수렴형, B: 발산형　　② A: 발산형, B: 순환형

③ A: 순환형, B: 발산형　　④ A: 수렴형, B: 순환형

⑤ A: 발산형, B: 수렴형

해설

수요함수와 공급함수의 기울기를 구하여 거미집이론의 각 유형을 판단한다.

1. A부동산시장 ⇨ 공급곡선 기울기의 절댓값이 더 크므로(공급이 더 비탄력적이므로) 수렴형이다.

 - 수요함수: $2P = 500 - Qd ⇨ P = 250 - \dfrac{1}{2}Qd$(수식을 'P ='으로 정리하고, 나누기 2를 하여 기울기 값을 구한다)

$$⇨ 수요곡선 기울기: \dfrac{1}{2}$$

 - 공급함수: $3P = 300 + 4Qs ⇨ P = 100 + \dfrac{4}{3}Qs$(수식을 'P ='으로 정리하고, 나누기 3을 하여 기울기 값을 구한다)

$$⇨ 공급곡선 기울기: \dfrac{4}{3}$$

2. B부동산시장 ⇨ 수요곡선 기울기와 공급곡선 기울기의 절댓값의 크기가 동일하므로 순환형이다.

 - 수요함수: $P = 400 - 2Qd ⇨$ 수요곡선 기울기: 2
 - 공급함수: $2P = 100 + 4Qs ⇨ P = 50 + 2Qs$(수식을 'P ='으로 정리하고, 나누기 2를 하여 기울기 값을 구한다)

$$⇨ 공급곡선 기울기: 2$$

03

삼중하

어느 지역의 수요와 공급함수가 각각 A부동산상품시장에서는 Qd = 100 − P, 2Qs = −10 + P, B부동산상품시장에서는 Qd = 500 − 2P, 3Qs = −20 + 6P이며, A부동산상품의 가격이 5% 상승하였을 때 B부동산상품의 수요가 4% 하락하였다. 거미집이론 (Cob-web theory)에 의한 A와 B 각각의 모형 형태와 A부동산상품과 B부동산상품의 관계는? (단, x축은 수량, y축은 가격, 각각의 시장에 대한 P는 가격, Qd는 수요량, Qs 는 공급량이며, 다른 조건은 동일함)

제29회

	A	B	A와 B의 관계
①	수렴형	순환형	보완재
②	수렴형	발산형	보완재
③	발산형	순환형	대체재
④	발산형	수렴형	대체재
⑤	순환형	발산형	대체재

해설

1. A부동산상품시장은 공급곡선 기울기의 절댓값이 더 크므로(공급이 더 비탄력적이므로) 수렴형이다.
   - 수요함수: Qd = 100 − P ⇨ P = 100 − Qd ⇨ 기울기의 절댓값 = 1
   - 공급함수: 2Qs = −10 + P ⇨ P = 10 + 2Qs ⇨ 기울기의 절댓값 = 2
2. B부동산상품시장은 수요곡선 기울기와 공급곡선 기울기의 절댓값의 크기가 동일하므로 순환형이다.
   - 수요함수: Qd = 500 − 2P ⇨ 2P = 500 − Qd ⇨ $P = 250 − \frac{1}{2}Qd$ ⇨ 기울기의 절댓값 $= \frac{1}{2}$
   - 공급함수: 3Qs = −20 + 6P ⇨ 6P = 20 + 3Qs ⇨ $P = \frac{60}{2} + \frac{3}{6}Qs$ ⇨ 기울기의 절댓값 $\frac{3}{6} = \frac{1}{2}$
3. A와 B의 관계: A부동산상품의 가격이 5% 상승하였을 때(A부동산 수요량은 감소하고), B부동산상품의 수요가 4% 하락(감소) 하였다. 두 재화의 수요가 동일 방향으로 진행되고 있으므로 보완관계이다.

04
상중하

A주택시장과 B주택시장의 함수조건이 다음과 같다. 거미집이론에 의한 두 시장의 모형 형태는? (단 x축은 수량, y축은 가격, 각각의 시장에 대한 P는 가격, Qd는 수요량, Qs는 공급량, 다른 조건은 동일함)

제32회

> A주택시장: Qd = 200 − P, Qs = 100 + 4P
>
> B주택시장: Qd = 500 − P, Qs = 200 + $\frac{1}{2}$P

① A: 수렴형, B: 수렴형

② A: 수렴형, B: 발산형

③ A: 수렴형, B: 순환형

④ A: 발산형, B: 수렴형

⑤ A: 발산형, B: 발산형

해설

기울기 값을 찾기 위해 각 함수를 'P ='으로 정리한다.

• A주택시장: Qd = 200 − P ⇨ P = 200 − Qd ⇨ 수요곡선 기울기 1

 Qs = 100 + 4P ⇨ 4P = −100 + Qs ⇨ P = −25 + $\frac{1}{4}$Qs ⇨ 공급곡선 기울기 $\frac{1}{4}$(= 0.25)

 ∴ 수요곡선 기울기 값이 더 크므로(1 > 0.25) 수요가 더 비탄력적, 공급은 상대적으로 탄력적이다. ⇨ 발산형이다.

• B주택시장: Qd = 500 − P, P = 500 − Qd ⇨ 수요곡선 기울기 1

 Qs = 200 + $\frac{1}{2}$P ⇨ $\frac{1}{2}$P = −200 + Qs ⇨ P = −400 + 2Qs ⇨ 공급곡선 기울기 2

 ∴ 공급곡선 기울기 값이 더 크므로(1 < 2) 공급이 더 비탄력적, 수요는 상대적으로 탄력적이다. ⇨ 수렴형이다.

PART1
부동산경제론 및 정책론

5개년 출제
문제 수
47개

PART 2

4문제

PART 2

부동산시장론

출제유형 06 정보의 현재가치

🔆 Tip · 개발정보를 확실하게 아는 경우(100% 개발이 될 경우)와 불확실한 경우(개발이 될 가능성과 그렇지 않을 경우를 동시에 고려할 경우)에는 정보의 현재가치가 달라질 수 있다. 즉, 투자가치가 다를 수 있다는 것이다.
· 정보의 현재가치를 구하는 문제인지 파악하여야 한다. 문제유형은 유사하지만 불확실성하에서 토지의 현재가치만을 계산하는 문제가 출제될 수 있다.
예 제14회 공인중개사 시험 기출

계산 Point

1. 문제의 조건을 파악한다.

· 기업도시로의 개발가능성이 40%로 제시되면, 개발되지 않을 가능성은 60%라고 판단하여야 한다.

예 개발가능성 40% ⇨ 0.4, 개발되지 않을 가능성 60% ⇨ 0.6

· 확률(비중)이 다를 경우에는 가중평균의 방법으로, 확률(비중)이 동일한 경우에는 (시간을 절약하기 위해)산술평균 방법으로 계산한다.

· 요구수익률(할인율) 10% ⇨ 0.1

· 2년 후 ⇨ 기간 n = 2

2. 정보의 현재가치를 구하는 과정

· 확실성하의 현재가치(PV) $= \dfrac{100\% \text{ 확실하게 개발될 경우의 미래가치}}{(1 + r)^n}$

· 불확실성하의 현재가치(PV)

$= \dfrac{(\text{확률} \times \text{확실하게 개발될 경우의 미래가치}) + (\text{확률} \times \text{불확실할 경우의 미래가치})}{(1 + r)^n}$

· 정보의 현재가치 = 확실성하의 현재가치(PV) − 불확실성하의 현재가치(PV)

01
상**중**하

1년 후 신역사가 들어선다는 정보가 있다. 이 정보의 현재가치는? (단, 제시된 가격은 개발정보의 실현여부에 의해 발생하는 가격차이만을 반영하고, 주어진 조건에 한함) 제25회

- 역세권 인근에 일단의 토지가 있다.
- 역세권개발계획에 따라 1년 후 신역사가 들어설 가능성은 40%로 알려져 있다.
- 이 토지의 1년 후 예상가격은 신역사가 들어서는 경우 8억 8,000만원, 들어서지 않을 경우 6억 6,000만원이다.
- 투자자의 요구수익률은 연 10%다.

① 1억원
② 1억 1천만원
③ 1억 2천만원
④ 1억 3천만원
⑤ 1억 4천만원

해설

가중평균 개념과 일시불의 현재가치계수[$= \dfrac{1}{(1 + r)^n}$]를 사용하여 정보의 현재가치를 계산한다.

- 확실성하 ⇨ 신역사가 100% 들어설 가능성을 반영

    ⇨ 확실성하 토지의 현재가치(PV) $= \dfrac{8억\ 8,000만원}{(1 + 0.1)^1} = 8억원$

- 불확실성하 ⇨ 신역사가 들어설 가능성 40%, 신역사가 들어서지 않을 가능성 60%를 반영

    ⇨ 불확실성하 토지의 현재가치(PV) $= \dfrac{(0.4 × 8억\ 8,000만원) + (0.6 × 6억\ 6,000만원)}{(1 + 0.1)^1} = 6억\ 8,000만원$

∴ 정보의 현재가치 = 8억원 − 6억 8,000만원 = 1억 2,000만원

🖵 더 알아보기

1. 정보의 현재가치 = 확실성하의 현재가치 − 불확실성하의 현재가치
2. 현재가치(PV) $= \dfrac{미래가치(FV)}{(1 + r)^n}$

02 대형마트가 개발된다는 다음과 같은 정보가 있을 때 합리적인 투자자가 최대한 지불할 수 있는 이 정보의 현재가치는? (단, 주어진 조건에 한함)

> • 대형마트 개발예정지 인근에 일단의 A토지가 있다.
> • 2년 후 대형마트가 개발될 가능성은 45%로 알려져 있다.
> • 2년 후 대형마트가 개발되면 A토지의 가격은 12억 1,000만원, 개발되지 않으면 4억 8,400만원으로 예상된다.
> • 투자자의 요구수익률(할인율)은 연 10%이다.

① 3억 1,000만원

② 3억 2,000만원

③ 3억 3,000만원

④ 3억 4,000만원

⑤ 3억 5,000만원

해설

가중평균 개념과 일시불의 현재가치계수$[= \dfrac{1}{(1+r)^n}]$를 사용하여 정보의 현재가치를 계산한다.

1. 확실성하에서의 토지의 현재가치(PV)

$$PV = \frac{12억\ 1,000만원}{(1+0.1)^2} = 10억원$$

2. 불확실성하에서의 토지의 현재가치(PV)(⇨ 대형마트가 개발될 가능성 45% + 개발되지 않을 가능성 55%)

$$PV = \frac{(0.45 \times 12억\ 1,000만원) + (0.55 \times 4억\ 8,400만원)}{(1+0.1)^2} = \frac{8억\ 1,070만원}{1.21} = 6억\ 7,000만원$$

3. 정보의 현재가치 3억 3,000만원 = 10억원 − 6억 7,000만원

Tip
- 각 이론의 개념정리가 우선되어야 계산문제도 용이하게 해결할 수 있다.
- 튀넨(J. H. von Thünen)의 고립국이론에서 경작자(농부)의 순수익(이윤)은 다음과 같이 구한다.
  ⇨ 순수익·이윤(지대) = 생산물가격(매상고) − 생산비 − 수송비(단위거리당 수송비 × 거리)
- 레일리(W. Reilly)의 소매인력법칙은 두 도시로의 구매지향비율(예 각각 몇 %?)을 묻는 문제이고, 컨버스(P. Converse)의 분기점 모형은 두 도시로의 구매지향비율을 1:1로 놓고, 분기점에서 두 도시간의 거리를 구하는 문제이다. ⇨ 상호 연계되어 있다.
- 허프(D. L. Huff)의 확률모형은 제시된 점포가 2개 이상이라도 기본개념과 수식만 알고 있으면 해결이 가능하다.
  ⇨ 레일리의 소매인력법칙 계산문제는 허프의 확률모형을 사용해서도 간편하게 계산할 수 있다.

계산 Point

1. 레일리(W. Reilly)의 소매인력법칙

두 도시간의 상거래흡인력은 인구수에 비례하고, 분기점으로부터 거리의 제곱에 반비례한다. 두 도시로의 인구유인비율을 구하여 계산한다.

$$\frac{X_A}{X_B} = \frac{A도시의\ 인구}{B도시의\ 인구} \times \left(\frac{B도시까지의\ 거리}{A도시까지의\ 거리}\right)^2 = \left(\frac{A\%}{B\%}\right)$$

계산된 구매지향비율의 각각의 값이 A가 2이고, B가 8이면, 전체 10(= 2 + 8) 중에서 $2(=\frac{2}{10}) : 8(=\frac{8}{10})$의 비율이 된다.

2. 컨버스(P. Converse)의 분기점모형

상권의 분기점(경계점)이란 두 두시로의 구매지향비율이 1:1인 지점을 말한다.

$$\frac{A}{B} = \frac{A도시\ 인구}{B도시\ 인구} \times \left(\frac{B도시까지의\ 거리}{A도시까지의\ 거리}\right)^2 = \frac{(1)}{(1)}$$

해당 수식에서 결과인 구매지향비율을 $1:1(\frac{1}{1})$로 놓고, (괄호) 안의 거리 값을 구한다.

예 도시인구 계산값($\frac{1}{9}$)과 거리 계산값($\frac{9}{1}$)을 곱하면 수식 전체 값이 1이 된다.

계산된 거리의 전체 값이 $3[=\frac{3(B도시까지의\ 거리)}{1(A도시까지의\ 거리)}]$이면 'A도시 1 : B도시 3'의 비율으로 분기점이 형성된다는 것이다.

3. 허프(D. L. Huff)의 확률모형

특정 매장으로의 구매확률은 매장면적에 비례하고, 거리(공간마찰계수 적용)에 반비례한다.
분자에는 매장면적을 배치, 분모에는 거리 값을 배치한다.

$$해당\ 점포의\ 구매중력(유인력) = \frac{매장면적}{거리^{마찰계수}}$$

예 점포면적이 $1,000\text{m}^2$이고 거리는 5km(또는 시간거리 제시), 마찰계수 2일 경우

$$\therefore\ 해당\ 점포의\ 구매중력(유인력)\ 40 = \frac{1,000\text{m}^2}{5^2}$$

01 다음 표는 쌀, 우유, 사과 세 가지 상품의 $1,000\text{m}^2$당 연간 산출물의 시장가격, 생산비용, 교통비용을 나타낸다. 상품의 생산자와 소비되는 도시까지의 거리가 19km인 지점에서도 이윤을 얻을 수 있는 상품(들)은? (다만, 다른 조건은 동일하고, 모든 제품은 같은 지점에 있는 도시에서 판매한다고 가정함)

제21회

(단위: 만원)

제품	시장가격	생산비용	교통비용(1km당)
쌀	150	70	5
우유	200	100	4
사과	250	130	6

① 쌀
③ 쌀, 우유
⑤ 쌀, 우유, 사과
② 우유, 사과
④ 쌀, 사과

해설

튀넨의 위치지대설(고립국이론), 입찰지대설, 입지교차지대설에 따르면 경작자(농부)가 획득하는 이윤(순수익)은 생산물가격(매상고)에서 생산비와 교통비를 공제한 값이 된다.
문제에서 단위거리(1km)당 교통비는 쌀은 5만원, 우유는 4만원, 사과는 6만원이며, 거리는 19km이다.

> 이윤(순수익) = 생산물가격(시장가격) − 생산비 − 수송비(단위거리당 수송비 × 거리)

• 쌀의 이윤 = (150 − 70) − (5 × 19) = −15 ⇨ 손실
• 우유의 이윤 = (200 − 100) − (4 × 19) = 24 ⇨ 이익
• 사과의 이윤 = (250 − 130) − (6 × 19) = 6 ⇨ 이익
따라서 이윤(순수익)을 얻을 수 있는 상품은 우유와 사과이다.

02 상중하 도시 A와 도시 B간에 도시 C가 있다. 레일리의 소매인력법칙(Reilly's Law of Retail Gravitation)을 이용하여 도시 C로부터 도시 A와 도시 B로의 인구유인비율을 구하시오.

제17회

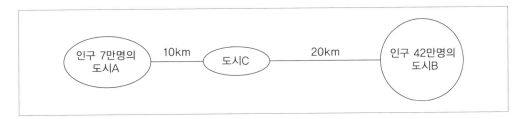

① 도시 A 33.3%, 도시 B 66.7%

② 도시 A 40.0%, 도시 B 60.0%

③ 도시 A 50.0%, 도시 B 50.0%

④ 도시 A 60.0%, 도시 B 40.0%

⑤ 도시 A 66.7%, 도시 B 33.3%

해설

두 도시로의 인구유인비율은 두 도시의 인구 수(도시크기)에 비례하고, 두 도시의 분기점으로부터 거리의 제곱에 반비례하여 결정된다.

$$\left(\frac{X_A}{X_B}\right) = \left(\frac{\text{도시 A의 인구}}{\text{도시 B의 인구}}\right) \times \left(\frac{\text{도시 B까지의 거리}}{\text{도시 A까지의 거리}}\right)^2 = \left(\frac{7\text{만명}}{42\text{만명}}\right) \times \left(\frac{20\text{km}}{10\text{km}}\right)^2 = \left(\frac{28}{42}\right)$$

따라서 도시 A와 도시 B로 유인될 비율은 28 : 42 = 4 : 6이므로,

도시 C 인구 중 도시 A로 유인되는 인구비율은 40% $\left(= \frac{28}{70}\right)$, 도시 B로 유인되는 비율은 60% $\left(= \frac{42}{70}\right)$가 된다.

더 알아보기

허프의 확률모형을 통해서도 간편하게 구할 수 있다.

• A도시의 유인력(중력) 700 $= \dfrac{70,000\text{명}}{10^2}$

• B도시의 유인력(중력) 1,050 $= \dfrac{420,000\text{명}}{20^2}$

각각 700(40%) : 1,050(60%)의 비율이 된다.

즉, A도시의 구매확률 40% $= \dfrac{700}{1,750}$, B도시의 구매확률 60% $= \dfrac{1,050}{1,750}$

정답 | 01 ② 02 ②

03
상중하

레일리(W. Reilly)의 소매중력모형에 따라 C신도시의 소비자가 A도시와 B도시에서 소비하는 월 추정소비액은 각각 얼마인가? (단, C신도시의 인구는 모두 소비자이고, A, B 도시에서만 소비하는 것으로 가정함)

제33회

> - A도시 인구: 50,000명, B도시 인구: 32,000명
> - C신도시: A도시와 B도시 사이에 위치
> - A도시와 C신도시간의 거리: 5km
> - B도시와 C신도시간의 거리: 2km
> - C신도시 소비자의 잠재 월 추정소비액: 10억원

	A도시	B도시
①	1억원	9억원
②	1억 5천만원	8억 5천만원
③	2억원	8억원
④	2억 5천만원	7억 5천만원
⑤	3억원	7억원

해설

- 두 도시로의 구매지향비율은 도 도시의 인구수에 비례하고, 두 도시의 분기점으로부터 거리의 제곱에 반비례하여 결정된다.

$$\frac{\text{A도시의 구매지향비율}}{\text{B도시의 구매지향비율}} = \frac{\text{A도시의 인구}}{\text{B도시의 인구}} \times \left(\frac{\text{B도시까지의 거리}}{\text{A도시까지의 거리}}\right)^2$$

$$\Rightarrow \frac{A}{B} = \frac{50,000명}{32,000명} \times \left(\frac{2km}{5km}\right)^2 = \frac{200,000}{800,000} = \frac{2}{8}$$

따라서, 전체 10(= 2 + 8) 중에서 2(20%) : 8(80%)의 비율이 된다.
- C신도시 소비자의 월 추정소비액 10억원 × A도시의 구매지향비율 0.2(20%) = A도시 월 소비액 2억원
- C신도시 소비자의 월 추정소비액 10억원 × B도시의 구매지향비율 0.8(80%) = B도시 월 소비액 8억원

🔎 더 알아보기

허프의 확률모형을 통해서도 간편하게 구할 수 있다.

- A도시로의 유인력(중력) 2,000 = $\dfrac{50,000명}{5^2}$

- B도시로의 유인력(중력) 8,000 = $\dfrac{32,000명}{2^2}$

각각 2,000(20%) : 8,000(80%)의 비율이 된다.

즉, A도시의 구매확률 20% = $\dfrac{2,000}{10,000}$, B도시의 구매확률 80% = $\dfrac{8,000}{10,000}$

04
상**중**하

A, B도시 사이에 C도시가 위치한다. 레일리(W. Reilly)의 소매인력법칙을 적용할 경우, C도시에서 A, B도시로 구매활동에 유인되는 인구규모는? (단, C도시의 인구는 모두 구매자이고, A, B도시에서만 구매하는 것으로 가정하며, 주어진 조건에 한함) 제27회

- A도시 인구 수: 400,000명
- B도시 인구 수: 100,000명
- C도시 인구 수: 50,000명
- C도시와 A도시간의 거리: 10km
- C도시와 B도시간의 거리: 5km

---

① A: 15,000명, B: 35,000명
② A: 20,000명, B: 30,000명
③ A: 25,000명, B: 25,000명
④ A: 30,000명, B: 20,000명
⑤ A: 35,000명, B: 15,000명

해설

두 도시로의 인구유인비율을 구하여 계산한다.

$$\frac{X_A}{X_B} = \frac{\text{A도시의 인구}}{\text{B도시의 인구}} \times \left(\frac{\text{B도시까지의 거리}}{\text{A도시까지의 거리}}\right)^2 = \frac{400,000명}{100,000명} \times \left(\frac{5km}{10km}\right)^2 = \frac{4}{4}$$

A도시와 B도시로 유인될 비율은 4:4 = 1:1이다.

∴ C도시 인구 50,000명 중 각 도시로 유인되는 인구규모는 각각 25,000명씩이다.

더 알아보기

허프의 확률모형을 통해서도 간편하게 구할 수 있다.

- A도시로의 유인력(중력) 4,000 = $\dfrac{400,000명}{10^2}$

- B도시로의 유인력(중력) 4,000 = $\dfrac{100,000명}{5^2}$

각각 4,000(50%) : 4,000(50%)의 비율이 된다.

즉, A도시의 구매확률 50% = $\dfrac{4,000}{8,000}$, B도시의 구매확률 50% = $\dfrac{4,000}{8,000}$

05 컨버스(P. D. Converse)의 분기점모형에 기초할 때, A시와 B시의 상권 경계지점은 A시로부터 얼마만큼 떨어진 지점인가? (단, 주어진 조건에 한함)

제32회

> • A시와 B시는 동일 직선상에 위치하고 있다.
> • A시 인구: 64만명
> • B시 인구: 16만명
> • A시와 B시 사이의 직선거리: 30km

① 5km
② 10km
③ 15km
④ 20km
⑤ 25km

해설

상권의 분기점(경계점)이란 두 도시(매장)으로 구매하러 갈 비율이 1 : 1인 지점이므로 다음과 같이 정리하여 계산한다.

A도시 인구가 B도시 인구보다 더 많기 때문에 A도시의 상권의 영향력이 더 크다.

따라서, 분기점은 B도시에 가깝게 형성된다.

- $\dfrac{A}{B} = \dfrac{A도시\ 인구}{B도시\ 인구} \times \left(\dfrac{B도시까지의\ 거리}{A도시까지의\ 거리} \right)^2 = \dfrac{(1)}{(1)}$

- $\dfrac{A}{B} = \dfrac{64만명}{16만명} \times \left(\dfrac{B도시까지의\ 거리}{A도시까지의\ 거리} \right)^2 = \dfrac{(1)}{(1)} \Rightarrow \dfrac{A}{B} = \dfrac{4}{1} \times \left(\dfrac{1}{2} \right)^2 = \dfrac{(1)}{(1)}$

∴ 전체 거리 30km 중 A도시와 B도시간 거리의 비율은 2:1이므로, $30km \times \dfrac{2}{3} = 20km$, 즉 A도시로부터 20km 떨어진 지점이 상권의 분기점이 된다.

📖 더 알아보기

아래와 같은 공식을 사용하는 방법도 있다.

$$A도시로부터의\ 분기점 = \dfrac{두\ 도시간의\ 거리}{1 + \sqrt{\dfrac{B도시의\ 인구}{A도시의\ 인구}}} = \dfrac{30km}{1 + \sqrt{\dfrac{16}{64}}} = \dfrac{30km}{1.5 \left(= 1\dfrac{1}{2} \right)} = 20km$$

06
상**중**하

C도시 인근에 A와 B 두 개의 할인점이 있다. 허프(D. L. Huff)의 상권분석모형을 적용할 경우, B할인점의 이용객 수는? (단, 거리에 대한 소비자의 거리 마찰계수값은 2이고, 도시인구의 60%가 할인점을 이용함)

제25회

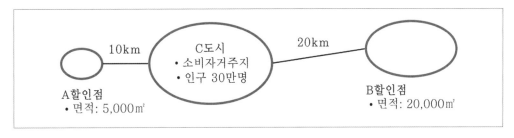

① 70,000명
② 80,000명
③ 90,000명
④ 100,000명
⑤ 110,000명

해설

특정 매장으로의 구매확률은 매장(점포)면적에 비례하고, 거리(공간마찰계수를 활용)에 반비례, 경쟁점포 수에 반비례하여 결정된다.

$$\text{특정 매장으로의 구매중력(유인력)} = \frac{\text{매장면적}}{\text{거리}^{\text{마찰계수}}}$$

C도시 인구 30만명의 60%인 18만명(= 30만명 × 0.6) 중에서 각 할인점으로 유입될 인구를 구한다.

• A할인점 구매중력(유인력) $= \dfrac{5,000}{10^2} = 50$

• B할인점 구매중력(유인력) $= \dfrac{20,000}{20^2} = 50$

⇨ A할인점과 B할인점으로 구매하러 갈 중력(유인력)은 50 : 50, 즉 1 : 1이므로, 구매확률은 각각 50%이다.

∴ B할인점의 이용객 수는 C도시 인구 30만명의 60%인 180,000명 중에서 50%이므로, 90,000명이다.

07
상 중 하

허프(D. Huff)모형을 활용하여, X지역의 주민이 할인점 A를 방문할 확률과 할인점 A의 월 추정매출액을 순서대로 나열한 것은? (단, 주어진 조건에 한함)   제28회

- X지역의 현재 주민: 4,000명
- 1인당 월 할인점 소비액: 35만원
- 공간마찰계수: 2
- X지역의 주민은 모두 구매자이고, A, B, C 할인점에서만 구매한다고 가정

구분	할인점 A	할인점 B	할인점 C
면적	500m²	300m²	450m²
X지역 거주지로부터의 거리	5km	10km	15km

① 80%, 10억 9,200만원
② 80%, 11억 2,000만원
③ 82%, 11억 4,800만원
④ 82%, 11억 7,600만원
⑤ 82%, 12억 400만원

해설

각 할인점으로 구매하러 갈 중력(유인력)을 구한다.

- 할인점 A의 구매중력 $= \dfrac{500}{5^2} = 20$

- 할인점 B의 구매중력 $= \dfrac{300}{10^2} = 3$

- 할인점 C의 구매중력 $= \dfrac{450}{15^2} = 2$

⇨ 할인점 A, B, C의 구매지향 비율은 전체 값 25 중에서 각각 20 : 3 : 2이다.

　따라서, 각 할인점의 구매지향비율(확률)은 80%$\left(= \dfrac{20}{25} \right)$: 12%$\left(= \dfrac{3}{25} \right)$: 8%$\left(= \dfrac{2}{25} \right)$이다.

⇨ 할인점 A의 구매인구는 3,200명(= 4,000명 × 80%)이고, 할인점 A의 추정매출액은 11억 2,000만원(= 4,000명 × 80% × 35만원)이다.

∴ X지역의 주민이 할인점 A를 방문할 확률은 80%이고 할인점 A의 추정매출액은 11억 2,000만원이다.

08
상**중**하

다음 표는 어느 시장지역 내 거주지 A에서 소비자가 이용하는 쇼핑센터까지의 거리와 규모를 표시한 것이다. 현재 거주지 A지역의 인구가 1,000명이다. 허프(Huff) 모형에 의한다면 거주지 A에서 쇼핑센터 1의 이용객 수는? (단, 공간마찰계수는 2이고, 소요시간과 거리의 비례는 동일하며, 다른 조건은 불변이라고 가정함)

제23회

구분	쇼핑센터 1	쇼핑센터 2
쇼핑센터의 면적	1,000m^2	1,000m^2
거주지 A로부터의 시간거리	5분	10분

① 600명　　　　　　　　　　② 650명
③ 700명　　　　　　　　　　④ 750명
⑤ 800명

해설

- 쇼핑센터1의 구매중력(유인력) $= \dfrac{1,000}{5^2} = 40$

- 쇼핑센터2의 구매중력(유인력) $= \dfrac{1,000}{10^2} = 10$

쇼핑센터1과 쇼핑센터2로 각각 구매하러 갈 중력(유인력)을 계산한 값이 40과 10이므로, 전체 50(= 40 + 10) 중에서 4 : 1의 비율로 나누어진다. 따라서 거주지 A지역 인구 1,000명 중 80%(= 40 ÷ 50)인 800명이 쇼핑센터1로 구매하러 갈 이용객이다.

PART 2

부동산시장론

09 상 중 하 허프(D. Huff)모형을 활용하여 점포 A의 월 매출액을 추정하였는데, 착오에 의한 공간(거리)마찰계수가 잘못 적용된 것을 확인하였다. 올바르게 추정한 점포A의 월 매출은 잘못 추정한 점포A의 월 매출액보다 얼마나 증가하는가? (단, 주어진 조건에 한함) 제34회

- X지역의 현재 주민: 10,000명
- 1인당 월 점포 소비액: 30만원
- 올바른 공간(거리)마찰계수: 2
- 잘못 적용된 공간(거리)마찰계수: 1
- X지역의 주민은 모두 구매자이고, 점포(A, B, C)에서만 구매한다고 가정함
- 각 점포의 매출액은 X지역 주민에 의해서만 창출됨

구분	점포 A	점포 B	점포 C
면적	750m^2	2,500m^2	500m^2
X지역 거주지로부터의 거리	5km	10km	5km

① 1억원

② 2억원

③ 3억원

④ 4억원

⑤ 5억원

해설

각 점포로의 구매중력(유인력)을 계산하여 매출액 증가분을 구한다.

$$해당 \ 점포로의 \ 중력(유인력) = \frac{매장면적}{거리^{마찰계수}}$$

1. 잘못 적용된 마찰계수(1)를 활용한 각 점포의 구매중력(면적 및 거리의 단위는 생략함)

A점포 150 = $\frac{750}{5}$, B점포 250 = $\frac{2,500}{10}$, C점포 100 = $\frac{500}{5}$

각 점포로의 구매중력은 150 : 250 : 100, 따라서, 구매확률은 각각 순서대로 다음과 같다.

⇨ A점포 30% = $\frac{150}{500}$, B점포 50% = $\frac{250}{500}$, C점포 20% = $\frac{100}{500}$

주민 10,000명 중 30%인 3,000명이 A점포의 소비자이므로, 마찰계수를 잘못 적용한 최초의 A점포의 매출액은 3,000명 × 1인당 소비액 30만원 = 9억원이다.

2. 올바르게 적용된 마찰계수(2)를 활용한 각 점포의 구매중력

A점포 $30 = \dfrac{750}{5^2}$, B점포 $25 = \dfrac{2,500}{10^2}$, C점포 $20 = \dfrac{500}{5^2}$

각 점포로의 구매중력은 $30 : 25 : 20$. 따라서, 구매확률은 각각 순서대로 다음과 같다.

⇨ A점포: $40\% = \dfrac{30}{75}$, B점포: 약 $33.3\% = \dfrac{25}{75}$, C점포: 약 $26.7\% = \dfrac{20}{75}$

주민 10,000명 중 40%인 4,000명이 A점포의 소비자이므로, 마찰계수를 올바르게 적용한 최초의 A점포의 매출액은 4,000명 × 1인당 소비액 30만원 = 12억원이다.

3. 마찰계수를 잘못 적용했을 경우(1.) 매출액 9억원, 올바르게 적용했을 경우(2.) 매출액 12억원이므로 이전보다 매출액은 3억원 더 증가한다.

5개년 출제
문제 수
47개

PART 3

14 문제

PART 3

부동산투자론

출제유형 08 현금(영업)수지의 측정

Tip • 영업수지(영업현금흐름·임대료수입)와 영업소득세의 계산과정을 숙지·암기하고 있어야 한다.

　　예 가 ⇨ 유 ⇨ 순 ⇨ 전 ⇨ 후

　　예 순 + 대 − 이 − 감, 세 + 대 + 원 − 감

• 영업수지의 계산은 연간 단위를 의미하므로, 제시된 조건이 월 단위 금액일 경우에는 연 단위로 산정한다.

　　예 영업경비 월 100만원 ⇨ 연간 1,200만원

• 계산과정에서 실수가 없도록 계산기 사용을 통한 지속적 연습이 필요하다.

　　⇨ 계산기를 한 번 잘못 누르면 문제해결에 많은 시간이 소요될 수 있다.

계산 Point

1. 영업수지의 계산 ⇨ 보유기간 동안 발생하는 매년의 임대료수입

가능총소득	… 단위당 예상임대료 × 임대단위 수
+ 기타소득	… 자판기, 유료세탁기, 구내식당 수입 등
− 공실 및 불량부채(채권) 대손충당금	… 가능총소득의 일정비율 적용
유효총소득	… 영업(운영)수익
− 영업경비	… **유지·관리비, 보험료, 광고비, 종업원급여, 재산세 등**
순영업소득	… 총투자액에 대한 결과물
− 부채서비스액(원리금상환액)	… 융자(대출)조건에 따라 상이
세전현금수지	… 지분투자액에 대한 결과물
− 영업소득세	
세후현금수지	

• **영업(운영)경비가 아닌 것:** 공실 및 대손충당금, 부채서비스액, 영업소득세, 소유자 급여, 개인업무비, 소득세 등

• 부채서비스액(매년 원리금·저당지불액) = 원금상환분 + 이자지급분

2. 영업소득세의 계산과정

순영업소득	세전현금수지
+ 대체충당금	+ 대체충당금
− **이자지급분**	+ 원금상환분
− **감가상각액**	− **감가상각액**
과세소득	과세소득
× 세율	× 세율
영업소득세	영업소득세

• 대체충당금과 대손충당금은 동일한 개념이 아니므로 문제 조건을 잘 구분하여야 한다.

01 상 중 하

대상부동산의 순영업소득(NOI)은?

제21회

• 건축연면적: 1,800m²
• 연 평균임대료: 5,000원/m²
• 평균공실률: 10%
• 유효임대면적비율: 80%(건축연면적 대비)
• 영업경비율: 50%(유효조소득 기준)
• 연간 부채상환액: 500원/m²(유효임대면적 기준)

① 320만원　　　② 324만원　　　③ 332만원
④ 340만원　　　⑤ 380만원

해설

• 건축연면적 1,800m² 중 유효임대면적의 비율이 80%이므로 임대단위 수는 1,440m²(= 1,800 × 0.8)이다.
• 가능조(총)소득: 1,440m² × 5,000원 = 720만원
• 평균공실률 10% ⇨ 가능총소득 720만원 × 공실률 0.1(10%) = 공실충당금 72만원
• 유효조소득: 720만원 − 공실충당금 72만원 = 648만원
• 영업경비 324만원 = 유효총소득 648만원 × 0.5(영업경비율 50% 적용)
따라서, 순영업소득 324만원 = 유효총소득 648만원 − 영업경비 324만원

	단위당 예상임대료	5,000원
×	임대단위 수 ×	1,440m²
	가능조소득	7,200,000원
−	공실 및 불량부채 −	720,000원
	유효조소득	6,480,000원
−	영업경비 −	3,240,000원
	순영업소득	3,240,000원

정답 | 01 ②

02 다음 임대주택사업의 세후현금수지는 얼마인가? (단, 다른 조건은 고려하지 않음)

상 중 하

제19회

• 순운영소득	140,000,000원
• 재산세	5,000,000원
• 연간 융자월부금	90,000,000원
• 융자이자	70,000,000원
• 감가상각	10,000,000원
• 소득세율	30%

① 18,000,000원   ② 27,000,000원

③ 32,000,000원   ④ 45,000,000원

⑤ 50,000,000원

해설

• 재산세는 해당 문제의 계산과정에 필요하지 않다.
• 순운영소득 = 순영업소득
• 연간 융자월부금(원리금, 부채서비스액) 90,000,000원 = 융자이자 70,000,000원 + 원금상환분 20,000,000원
• 영업소득세의 계산

	순영업소득	140,000,000원
+	대체충당금 +	0원
−	이자지급분 −	70,000,000원
−	감가상각비 −	10,000,000원
	과세소득	60,000,000원
×	소득세율 ×	30%
	영업소득세	18,000,000원

• 세후현금수지의 계산

	순영업소득	140,000,000원
−	부채서비스액 −	90,000,000원
	세전현금수지	50,000,000원
−	영업소득세 −	18,000,000원
	세후현금수지	32,000,000원

따라서 세후현금수지는 32,000,000원이 된다.

03

상중 하

어느 회사의 1년 동안의 운영수지다. 세후현금수지는? (단, 주어진 조건에 한함) 제25회

- 가능총소득: 4,800만원
- 공실: 가능총소득의 5%
- 영업소득세율: 연 20%
- 원금상환액: 200만원
- 이자비용: 800만원
- 영업경비: 240만원
- 감가상각비: 200만원

① 2,496만원
② 2,656만원
③ 2,696만원
④ 2,856만원
⑤ 2,896만원

해설

- 공실 및 대손충당금(불량부채) = 가능총(조)소득 4,800만원 × 공실률 0.05 = 240만원
- 부채서비스(원리금) = 원금상환액(200만원) + 이자비용(800만원) = 1,000만원
- 세후현금수지 계산

가능조소득	4,800만원
− 공실 및 대손충당금	240만원
유효조소득	4,560만원
− 영업경비	240만원
순영업소득	4,320만원
− 부채서비스	1,000만원
세전현금수지	3,320만원
− 영업소득세	664만원
세후현금수지	2,656만원

- 영업소득세 계산

순영업소득	4,320만원
+ 대체충당금	0원
− 이자지급분	800만원
− 감가상각비	200만원
과세대상소득	3,320만원
× 세율	0.2(20%)
영업소득세	664만원

🗐 더 알아보기

영업소득세 = 과세대상소득 × 영업소득세율

= (순영업소득 + 대체충당금 − 이자지급분 − 감가상각비) × 영업소득세율

= (4,320만원 + 0원 − 800만원 − 200만원) × 20% = 664만원

🔆 **Tip**
- 화폐의 시간가치를 구하는 자본환원계수의 각각의 개념정리가 선행되어야 계산문제도 해결이 가능하다.
- 공식을 암기하고, 계산기를 사용하여 연습한다.
- 일시불의 현가계수를 사용하는 계산문제는(출제유형 06 정보가치 계산에도 사용됨) 가장 많이 출제되었고, 연금의 내가계수와 연금의 현가계수의 활용하는 문제의 출제비중이 늘어나는 추세이다.
- 문제에서 제시된 수치(금액)에 곱하기(×)를 해야 하는지, 나누기(÷)를 해야 하는지 구분하여야 한다.

계산 **Point**

현재가치계수(현가)	미래가치계수(내가)
일시불의 현가계수 = $\dfrac{1}{(1+r)^n} = (1+r)^{-n}$ **할인율**이 r일 때, **n년 후**의 1원이 **현재** 얼마만한 가치가 있는가를 구한다. 	**일시불의 내가계수** = $(1+r)^n$ 1원을 이자율 r로 **예금**했을 때 **n년 후**에 찾게 되는 금액을 구한다. 
연금의 현가계수 = $\dfrac{1-(1+r)^{-n}}{r}$ **매년 1원씩** n년 동안 받게 될 **연금**을 일시불로 **환원**한 액수를 구한다. 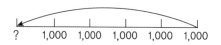	연금의 내가계수 = $\dfrac{(1+r)^n - 1}{r}$ **매년 1원씩** 받게 될 연금을 이자율 r로 계속 **적립**하였을 때, **n년 후**에 찾게 되는 금액을 구한다. 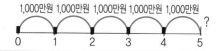
저당상수 = $\dfrac{r}{1-(1+r)^{-n}}$ **원리금균등상환**방식으로 일정액을 빌렸을 때 매 기간마다 **상환할 원금과 이자의 합계(원리금)**를 구한다. 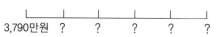	감채기금계수 = $\dfrac{r}{(1+r)^n - 1}$ n년 후에 1원을 만들기 위해서 매 **기간마다 적립하여야 할 금액**을 구한다. 

01 1억원의 주택담보대출을 10%의 고정금리로 20년 동안 매년 원리금을 균등하게 상환하기로 약정하였다. 매년 지급하여야 할 원리금지불액은?　제14회

① 1억원 × 연금의 미래가치계수

② 1억원 × 연금의 현재가치계수

③ 1억원 ÷ 연금의 미래가치계수

④ 1억원 ÷ 연금의 현재가치계수

⑤ 1억원 × 감채기금계수

해설

원리금균등상환방식에 의한 매기의 원리금(부채서비스액)은 '융자금 × 저당상수'로 하거나 '융자금 ÷ 연금의 현재가치계수'로 하여 구할 수 있다. 저당상수와 연금의 현재가치계수가 역수관계라는 것을 활용하고 있는 문제이다.

매기의 원리금 = 융자금 × 저당상수 = 융자금 ÷ 연금의 현가계수

02 투자자 甲은 부동산 구입자금을 마련하기 위하여 3년 동안 매년 연말 3,000만원씩을 불입하는 정기적금에 가입하였다. 이 적금의 이자율이 복리로 연 10%라면, 3년 후 이 적금의 미래가치는?　제24회

① 9,600만원　　　　　　　② 9,650만원

③ 9,690만원　　　　　　　④ 9,930만원

⑤ 9,950만원

해설

연금의 내가(미래가치)계수의 개념과 공식을 활용한다.

$$\therefore \ 3년\ 후\ 적금의\ 미래가치 = 3{,}000만원 \times \frac{(1+0.1)^3 - 1}{0.1} = 3{,}000만원 \times \left(\frac{1.331 - 1}{0.1} = 3.31 \right) = 9{,}930만원$$

📑 더 알아보기

$$연금의\ 내가계수 = \frac{(1+r)^n - 1}{r}$$

정답 | 01 ④　02 ④

03 상중하

회사원 A씨는 주택자금을 마련하기 위해서 매년 말 1,500,000원씩을 불입하는 20년 만기의 정기적금에 가입했다. 은행이자율이 연 10%라면 20년 후에 얼마를 찾을 수 있는가? [단, $(1 + 0.1)^{20} = 6.7275$]

제15회

① 82,912,500원   ② 83,912,500원   ③ 84,912,500원

④ 85,912,500원   ⑤ 86,912,500원

해설

연금의 미래가치(내가)계수를 적용하여 계산한다.

문제의 조건에서 $(1 + 0.1)^{20}$ 값을 제시했으므로, 연금의 내가계수의 수식에 이자율 0.1과 이 값(6.7275)을 적용하면 연금의 내가계수 전체 값이 57.275가 된다.

$$1,500,000원 \times \frac{(1 + 0.1)^{20} - 1}{0.1} = 1,500,000원 \times \frac{5.7275(= 6.7275 - 1)}{0.1}$$

$$= 1,500,000원 \times 57.275 = 85,912,500원$$

∴ 1,500,000원 × 연금의 내가계수 20년(57.275) = 85,912,500원

04 상중하

A는 매월 말에 50만원씩 5년 동안 적립하는 적금에 가입하였다. 이 적금의 명목금리는 연 3%이며, 월 복리조건이다. 이 적금의 미래가치를 계산하기 위한 식으로 옳은 것은? (단, 주어진 조건에 한함)

제31회

① $500,000원 \times \left\{ \dfrac{(1 + 0.03)^5 - 1}{0.03} \right\}$

② $500,000원 \times \left\{ \dfrac{\left(1 + \dfrac{0.03}{12}\right)^{5 \times 12} - 1}{\dfrac{0.03}{12}} \right\}$

③ $500,000원 \times \left(1 + \dfrac{0.03}{12}\right)^{5 \times 12}$

④ $500,000원 \times \left\{ \dfrac{0.03}{1 - (1 + 0.03)^{-5}} \right\}$

⑤ $500,000원 \times \left\{ \dfrac{\dfrac{0.03}{12}}{1 - \left(1 + \dfrac{0.03}{12}\right)^{-5 \times 12}} \right\}$

연금의 미래가치(내가)계수 개념과 공식인 $\dfrac{(1 + r)^n - 1}{r}$ 을 활용한다.

월(月) 복리조건이므로 공식의 연(年) 이자율 0.03(= 3%)은 12개월로 나누고, 분자 값의 기간(n) 5년에 12개월을 곱하여(= 5년×12개월), 총 60개월 후(5년 후)의 적금의 미래가치를 구할 수 있다.

05 상 중 하

5년 후 1억원의 현재가치는? (단, 주어진 조건에 한함)

제28회

- 할인율: 연 7%(복리 계산)
- 최종 현재가치금액은 십만원 자리 반올림함

① 6,100만원 ② 6,600만원
③ 7,100만원 ④ 7,600만원
⑤ 8,100만원

해설

일시불의 현가계수(현재가치계수)의 개념과 공식을 활용한다.

$\therefore$ 5년 후 1억원의 현재가치 $= 1억원 \times \dfrac{1}{(1 + 0.07)^5}$

$= 1억원 \times \dfrac{1}{약\ 1.40255} = 1억원 \div 약\ 1.40255$

$\fallingdotseq 7,100만원$

📖 더 알아보기

$$일시불의\ 현가계수 = \frac{1}{(1 + r)^n}$$

06 다음과 같은 투자안에서 부동산의 투자가치는? (단, 연간 기준이며, 주어진 조건에 한함)

상**중**하

제34회

> • 무위험률: 3%
> • 위험할증률: 4%
> • 예상인플레이션율: 2%
> • 예상순수익: 4,500만원

① 4억원

② 4억 5천만원

③ 5억원

④ 5억 5천만원

⑤ 6억원

해설

해당 문제는 제13회 이후로 출제되지 않은 문제로서, 부동산에서 매년 일정한 순수익이 영구적으로 발생한다는 조건하에서 투자가치(현재가치)를 구하는 문제이다. 요구수익률은 투자가치를 계산할 때 할인율로 사용된다.

현재가치(PV)를 구하는 방법은 화폐의 시간가치 개념과 유사하다.

$$PV = \frac{FV}{(1+r)^n}$$

요구수익률 9% = 무위험률 3% + 위험할증률 4% + 예상인플레이션율 2%

∴ 부동산의 투자가치 5억원 = $\dfrac{\text{장래 순수익(순영업소득) } 4,500\text{만원}}{\text{요구수익률 } 0.09(9\%)}$

07 상 중 하

임대인 A와 임차인 B는 임대차계약을 체결하려고 한다. 향후 3년간 순영업소득의 현재가치 합계는? (단, 주어진 조건에 한하며, 모든 현금유출입은 매 기간 말에 발생함) 제30회

- 연간 임대료는 1년차 5,000만원에서 매년 200만원씩 증가
- 연간 영업경비는 1년차 2,000만원에서 매년 100만원씩 증가
- 1년 후 일시불의 현가계수 0.95
- 2년 후 일시불의 현가계수 0.90
- 3년 후 일시불의 현가계수 0.85

① 8,100만원
② 8,360만원
③ 8,620만원
④ 9,000만원
⑤ 9,300만원

해설

구분	1년차	2년차	3년차
임대료수입	5,000만원	5,200만원	5,400만원
− 영업경비	2,000만원	2,100만원	2,200만원
= 순영업소득	3,000만원	3,100만원	3,200만원

1. 일시불의 현가계수
   - 1년차: $\dfrac{1}{(1 + r)^1} = 0.95$　　- 2년차: $\dfrac{1}{(1 + r)^2} = 0.90$　　- 3년차: $\dfrac{1}{(1 + r)^3} = 0.85$

2. 순영업소득의 현재가치 합계 = (1년차 순영업소득 × 일시불의 현가계수) + (2년차 순영업소득 × 일시불의 현가계수)
   + (3년차 순영업소득 × 일시불의 현가계수)
   = (3,000만원 × 0.95) + (3,100만원 × 0.90) + (3,200만원 × 0.85) = 8,360만원

∴ 3년간 순영업소득의 현재가치 합계는 8,360만원이다.

08
상 중 하

A는 부동산자금을 마련하기 위하여 20X1년 1월 1일 현재, 2년 동안 매년 연말 2,000원씩 불입하는 투자상품에 가입했다. 투자상품의 이자율이 연 10%라면, 이 상품의 현재가치는? (단, 십원 단위 이하는 절사함)

제22회

① 3,400원
② 3,600원
③ 3,700원
④ 3,200원
⑤ 3,300원

해설

1. 연금의 미래가치(내가)계수를 적용하여 2년 후의 가치를 구하고, 2년 후에 달성되는 금액을 일시불의 현재가치계수를 사용하여 현재가치를 계산한다.

   ⇨ $2,000원 \times \dfrac{(1+0.1)^2 - 1}{0.1} = 2,000원 \times \dfrac{0.21(=1.21-1)}{0.1} = 2,000원 \times 2.1 = 2년 후의 금액 4,200원$

2. 2년 후의 4,200원을 일시불의 현가계수(기간 2년 = 1.21)를 적용하여 현재가치를 계산한다. 즉, 4,200원을 1.21로 나누면 (할인하면) 현재가치는 약 3,400원이 된다.

   ⇨ $4,200원 \times \dfrac{1}{(1+0.1)^2} = 4,200원 \div 1.21 ≒ 3,400원(약 3,471원)$

∴ 제시된 문항에서 가장 근사치 값은 3,400원이다.

09
상 중 하

15년간 매월 원리금균등상환조건으로 연리 10%, 5,000만원을 융자받은 경우, 5년 후 융자잔고를 계산하기 위한 잔금비율은? (단, 10% 월 복리로 연금의 현가계수는 5년 47.06537, 10년 75.67116, 15년 93.05744)

제14회

① 75.67116 ÷ 47.06537
② 47.06537 ÷ 75.67116
③ 93.05744 ÷ 75.67116
④ 47.06537 ÷ 93.05744
⑤ 75.67116 ÷ 93.05744

해설

'대출의 만기 15년 = 경과한(상환한) 기간 5년 + 남은 기간 10년'이다. 잔금비율은 저당대출액(대출원금)에 대한 미상환(잔금)된 금액의 비율이므로, 다음과 같이 계산한다.

$$t시점의\ 잔금비율 = \dfrac{연금의\ 현가계수(남은\ 기간)}{연금의\ 현가계수(만기)}$$

∴ 약 $0.813 = \dfrac{연금의\ 현가계수(10년)\ 75.67116}{연금의\ 현가계수(15년)\ 93.05744} = 75.67116 \div 93.05744$

10
상중하

A씨는 원리금균등분할상환조건으로 1억원을 대출받았다. 은행의 대출조건이 다음과 같을 때, 대출 후 5년이 지난 시점에 남아있는 대출잔액은? (단, 만원 단위 미만은 절사하며, 주어진 조건에 한함)

제33회

> - 대출금리: 고정금리, 연 5%
> - 총대출기간과 상환주기: 30년, 월말 분할상환
> - 월별 원리금지급액: 54만원
> - 기간이 30년인 저당상수: 0.0054
> - 기간이 25년인 연금의 현가계수: 171.06

① 8,333만원
② 8,500만원
③ 8,750만원
④ 9,237만원
⑤ 9,310만원

해설

원리금균등상환방식에 따른 t시점에서 미상환대출잔액을 구할 때에는 원리금에 연금의 현가계수(남은 기간)를 곱하여 구할 수 있다. 제시된 저당상수와 연금의 현가계수 값은 월(月) 단위 기준 값을 가정한다(문제의 조건에서 월말 분할상환과, 월별 원리금 지급액을 제시하였으므로 각 계수값은 월 단위 값이다).

융자기간이(대출만기가) 30년일 때, 5년 경과 후 중도상환시 미상환대출잔액은 다음과 같이 계산한다.

1. 매월 원리금 54만원 × 월 연금의 현가계수(남은 기간 25년, 300月) 171.06 = 9,237만원(만원 단위까지)

2. 융자금에 잔금비율을 곱하여 계산할 수도 있다.

$$\therefore\ 9,237만원 = 융자금\ 1억원 \times 잔금비율\ 0.9237 \left[= \frac{연금의\ 현가계수\ 25년(300月)\ 171.06}{연금의\ 현가계수\ 30년(360月)^*\ 185.18} \right]$$

* 연금의 현가계수(30년, 360月) 값은 저당상수(30년, 360月) 0.0054의 역수로 계산할 수 있다.

$$\frac{1}{0.0054} ≒ 185.18,\ 따라서\ 잔금비율은\ 0.9237 ≒ \frac{171.06}{185.18} 이다.$$

PART 3
부동산투자론

출제유형 10 할인현금수지분석법

ᴑ̣ Tip
- 화폐의 시간가치(현재가치화, 할인) 개념을 사용하며, 주로 일시불의 현가계수$[\frac{1}{(1+r)^n}]$개념과 공식을 활용하는 문제가 많다.
- 일시불의 현가계수 값과 연금의 현가계수 값이 제시되는 경우가 있으므로 이를 어떻게 적용할 것인지에 대한 개념정리가 우선이다.
- 경우에 따라서 현금유출(지분투자액)도 1년 후의 금액, 2년 후의 금액이 제시되므로 이것 또한 현재가치로 할인하여 값을 구한다.
- 투자기간이 1년이면 ⇨ 현금유입 현재가치, 투자기간이 1년 이상이면 ⇨ 현금유입의 현재가치 합(合)
- 내부수익률(IRR)은 개념만 잘 정리하면 되고, 순현가(NPV)와 수익성지수(PI)를 구하는 문제는 자주 출제되는 편이다.

계산 Point

1. 순현가(NPV) = 현금유입의 현재가치(合) − 현금유출의 현재가치(合)

$$= \frac{현금유입}{(1+k^*)^n} - \frac{현금유출}{(1+k)^n}$$

* 할인율(k): 요구수익률

2. 내부수익률(IRR)

화폐의 시간가치를 고려한 여러(多) 기간의 수익률, 현금유입의 현재가치와 현금유출의 현재가치를 같게 만드는 할인율

$$IRR: \frac{현금유입}{(1+r^*)^n} = \frac{현금유출}{(1+r)^n}$$

* 할인율(r): 내부수익률

3. 수익성지수(PI) $= \dfrac{현금유입의\ 현재가치}{현금유출의\ 현재가치} = \dfrac{\dfrac{현금유입}{(1+k^*)^n}}{\dfrac{현금유출}{(1+k)^n}}$

* 할인율(k): 요구수익률

01
상**중**하

다음과 같은 현금흐름을 가지는 투자안 A의 순현가(NPV)와 내부수익률(IRR)은? [단, 할 인율은 20%, 사업기간은 1년이며, 사업 초기(1월 1일)에 현금지출만 발생하고 사업 말기 (12월 31일)에 현금유입만 발생함]

제24회

투자안	초기 현금지출	말기 현금유입
A	5,000원	6,000원

	NPV	IRR
①	0원	20%
②	0원	25%
③	0원	30%
④	1,000원	20%
⑤	1,000원	25%

해설

- 현금유입의 현가 = $\dfrac{6,000원}{(1 + 0.2)^1}$ = 5,000원

  ∴ 순현가(NPV) = 현금유입의 현가(5,000원) − 현금유출의 현가(5,000원) = 0원
- 내부수익률(IRR)은 현금유입의 현가와 현금유출의 현가를 같게 만드는 할인율을 말한다. 즉, 순현가(NPV)를 '0'으로 만드는 할인율을 의미하므로 문제에 제시된 할인율 20%와 내부수익률(IRR)의 값은 같다. 따라서 투자안 A의 내부수익률(IRR)은 20% 이다. ⇨ 현재 현금지출 5,000원과 말기 현금유입 6,000원의 현재가치(5,000원)는 크기는 같다는 화폐의 시간가치 개념을 묻고 있다.

  ∴ 투자안의 순현가 값이 0이면, 수익성지수는 1이 된다.

  ⇨ 투자안의 내부수익률(IRR)과 할인율(k; 요구수익률)은 같아진다.

  ⇨ IRR 20% = 요구수익률(할인율) 20%

02 상중하

다음은 투자부동산의 매입, 운영 및 매각에 따른 현금흐름이다. 이에 기초한 순현재가치는? (단, 0년차 현금흐름은 초기투자액, 1년차부터 7년차까지 현금흐름은 현금유입과 유출을 감안한 순현금흐름이며, 기간이 7년인 연금의 현가계수는 3.50, 7년 일시불의 현가계수는 0.60이고, 주어진 조건에 한함)

제32회

(단위: 만원)

기간(년)	0	1	2	3	4	5	6	7
현금 흐름	−1,100	120	120	120	120	120	120	1,420

① 100만원
② 120만원
③ 140만원
④ 160만원
⑤ 180만원

해설

- 연금의 현가계수 $\dfrac{1-(1+r)^{-7}}{r}=3.50$

- 일시불의 현가계수 $\dfrac{1}{(1+r)^7}=0.60$

- 문제의 조건에서 연금의 현가계수(7년)를 제시하였으므로, 7년 말까지 매년 동일(일정)한 임대료수입(120만원)으로 판단하고, 7년차 현금흐름(1,420만원)은 120만원(임대료수입)과 1,300만원(매각대금)으로 분리한다.

  ⇨ 현금유입의 현가 1,200만원 = [120만원 × 연금의 현가계수(7년) 3.50] + [1,300만원 × 일시불의 현가계수(7년) 0.60]

∴ 순현가 100만원(= 현금유입의 현재가치 합 1,200만원 − 현금유출의 현재가치 1,100만원)

03 상 중 하

향후 2년간 현금흐름을 이용한 다음 사업의 수익성지수(PI)는? (단, 연간 기준이며, 주어진 조건에 한함)

제31회

- 모든 현금의 유입과 유출은 매년 말에만 발생
- 현금유입은 1년차 1,000만원, 2년차 1,200만원
- 현금유출은 현금유입의 80%
- 1년 후 일시불의 현가계수 0.95
- 2년 후 일시불의 현가계수 0.90

---

① 1.15   ② 1.20   ③ 1.25

④ 1.30   ⑤ 1.35

해설

초기투자액이 제시되지 않는 등 조건에 하자가 있어 보이지만, 문제조건에 하자가 없다는 것을 전제로 하면 다음과 같이 수익성지수(PI)를 구할 수 있다.

1. 각 년도의 현금유입과 현금유출

구분	0년차	1년차	2년차
현금유입	0	1,000만원	1,200만원
현금유출	0	800만원(= 1,000만원 × 0.8)	960만원(= 1,200만원 × 0.8)

2. 각 년도의 현금유입의 현재가치와 현금유출의 현재가치

구분	1년차	2년차
현금유입의 현재가치	950만원 (= 1,000만원 × 일시불의 현가 0.95)	1,080만원 (= 1,200만원 × 일시불의 현가계수 0.90)
현금유출의 현재가치	760만원 (= 800만원 × 일시불의 현가 0.95)	864만원 (= 960만원 × 일시불의 현가계수 0.90)

따라서, 수익성지수(PI) 1.25 = $\dfrac{\text{현금유입의 현재가치 합}}{\text{현금유출의 현재가치 합}} = \dfrac{2,030\text{만원}(= 950\text{만원} + 1,080\text{만원})}{1,624\text{만원}(= 760\text{만원} + 864\text{만원})}$

3. 현금유입의 현재가치 합은 다음과 같이 계산한다.
   - 1년 후 현금유입 1,000만원의 현재가치: 950만원 = 1,000만원 × 일시불의 현가계수 0.95
   - 2년 후 현금유입 1,200만원의 현재가치: 1,080만원 = 1,200만원 × 일시불의 현가계수 0.90
     ⇨ 현금유입의 현재가치 합 2,030만원 = 950만원 + 1,080만원

4. 문제의 조건에서 현금유출은 현금유입의 80%이므로, 현금유출의 현재가치 합은 다음과 같이 계산한다.
   - 1년 후 현금유입 1,000만원 × 0.8(80%) = 1년 후 현금유출 800만원
     ⇨ 1년 후 현금유출 800만원의 현재가치: 800만원 × 일시불의 현가계수 0.95 = 760만원
   - 2년 후 현금유입 1,200만원 × 0.8(80%) = 1년 후 현금유출 960만원
     ⇨ 2년 후 현금유출의 960만원의 현재가치: 960만원 × 일시불의 현가계수 0.90 = 864만원

---

04 다음 표와 같은 투자사업(A~C)이 있다. 모두 사업기간이 1년이며, 사업 초기(1월 1일)에 현금지출만 발생하고 사업말기(12월 31일)에는 현금유입만 발생한다고 한다. 할인율이 연 5%라고 할 때 다음 중 옳은 것은?

제32회

투자사업	초기 현금지출	말기 현금유입
A	3,800만원	6,825만원
B	1,250만원	2,940만원
C	1,800만원	4,725만원

① 수익성지수(PI)가 가장 큰 사업은 A이다.
② 순현재가치(NPV)가 가장 큰 사업은 B이다.
③ 수익성지수가 가장 작은 사업은 C이다.
④ A의 순현재가치는 B의 순현재가치의 2.5배이다.
⑤ A와 C의 순현재가치는 같다.

해설

⑤ 각 사업의 순현재가치와 수익성지수를 구하면 다음과 같다. 투자안 A와 C의 순현재가치는 같다.

(단위: 만원)

사업	현금유입의 현가	초기 현금지출	순현재가치(NPV)	수익성지수(PI)
A	$\dfrac{6,825}{(1+0.05)^1} = 6,500$	3,800	$6,500 - 3,800 = 2,700$	$\dfrac{6,500}{3,800} ≒ 1.71$
B	$\dfrac{2,940}{(1+0.05)^1} = 2,800$	1,250	$2,800 - 1,250 = 1,550$	$\dfrac{2,800}{1,250} = 2.24$
C	$\dfrac{4,725}{(1+0.05)^1} = 4,500$	1,800	$4,500 - 1,800 = 2,700$	$\dfrac{4,500}{1,800} = 2.50$

① 수익성지수(PI)가 가장 큰 사업은 C이다.
② 순현재가치(NPV)가 가장 큰 사업은 A와 C로 동일하다.
③ 수익성지수가 가장 작은 사업은 A이다.
④ A의 순현재가치는 B의 순현재가치의 약 1.74배이다.

💡 Tip
- 종합자본환원율(총투자수익률)과 지분투자수익률 수식은 필수로 암기해야 한다.
- 수익률과 승수는 역수(반대)관계이다. ⇨ 공식의 분자 값과 분모 값의 위치가 바뀐다. ⇨ 공식 암기량을 줄일 수 있다.
- 지분투자수익률(자기자본수익률)은 지렛대효과 계산에도 사용된다.
- 문제의 선지 ①~⑤번까지 선지별로 모두 계산을 요구하는 경우에는 ⑤번부터 반대로 풀어가는 요령이 필요하다.
  ⇨ 시간을 소비하게 하는 문제이므로 1~2분 안에 해결이 가능한 문제로만 선별하여 준비한다.

계산 Point

1. 어림셈법

수익률법		역수관계	승수법	
–			조소득승수	$\dfrac{총투자액}{조소득}$
종합자본환원율 (총투자수익률)	$\dfrac{순영업소득}{총투자액}$	⇔	순소득승수 (자본회수기간)	$\dfrac{총투자액}{순영업소득}$
지분배당률 (자기자본수익률)	$\dfrac{세전현금수지}{지분투자액}$	⇔	세전현금수지승수	$\dfrac{지분투자액}{세전현금수지}$
세후수익률	$\dfrac{세후현금수지}{지분투자액}$	⇔	세후현금수지승수	$\dfrac{지분투자액}{세후현금수지}$

2. 지렛대(레버리지)효과의 계산(부동산가격상승분까지 제시되기도 함)

$$자기자본수익률 = \frac{세전현금수지(= 순영업소득 - 부채서비스액) + 가격(가치)상승분}{지분투자액}$$

3. 비율분석법

- 대부비율 $= \dfrac{융자금}{총투자액(부동산가치)}$
- 부채비율 $= \dfrac{타인자본(부채총계)}{자기자본(자본총계)}$
- 부채감당률 $= \dfrac{순영업소득}{부채서비스액(= 융자금 \times 저당상수)}$
- 채무불이행률 $= \dfrac{영업경비 + 부채서비스액}{유효조소득}$
- 영업경비비율 $= \dfrac{영업경비}{(가능 \cdot 유효)조소득}$

PART 3
부동산투자론

01

다음 자료를 활용하여 산정한 대상부동산의 순소득승수는? (단, 주어진 조건에 한함)

제33회

- 총투자액: 10,000만원
- 가능총소득(PGI): 1,100만원/년
- 영업비용(OE): 500만원/년
- 영업소득세: 120만원/년
- 지분투자액: 6,000만원
- 유효총소득(EGI): 1,000만원/년
- 부채서비스액(DS): 260만원/년

① 6   ② 9   ③ 10
④ 12   ⑤ 20

해설

- 문제의 조건에서 유효총소득을 제시하였으므로, 가능총소득 자료는 필요하지 않다.
- 순영업소득을 계산하는 과정에서 부채서비스액, 영업소득세 자료도 필요하지 않다.
- 순영업소득 500만원 = 유효총소득 1,000만원 − 영업비용(영업경비) 500만원

∴ 순소득승수(자본회수기간) 20 = $\dfrac{\text{총투자액 1억원}}{\text{순영업소득 500만원}}$

02

다음 자료는 A부동산의 1년간 운영수지이다. A부동산의 세후현금흐름승수는? (단, 주어진 조건에 한함)

제34회

- 총투자액: 50,000만원
- 지분투자액: 36,000만원
- 가능총소득(PGI): 6,000만원
- 공실률: 15%
- 재산세: 500만원
- 원리금상환액: 600만원
- 영업소득세: 400만원

① 8   ② 10   ③ 12
④ 15   ⑤ 20

세후현금수지를 구하는 과정은 다음과 같다.

1. 공실손실상당액 및 대손충당금 900만원 = 가능총소득 6,000만원 × 0.15(15%)
2. 유효총소득 5,100만원 = 가능총소득 6,000만원 − 공실 및 대손충당금 900만원
3. 순영업소득 4,600만원 = 유효총소득 5,100만원 − 영업경비(재산세) 500만원
4. 세전현금수지 4,000만원 = 순영업소득 4,600만원 − 원리금상환액(부채서비스액) 600만원
5. 세후현금수지 3,600만원 = 세전현금수지 4,000만원 − 영업소득세 400만원

$$\therefore\ \text{세후현금수지승수 } 10 = \frac{\text{지분투자액 3억 6,000만원}}{\text{세후현급수지 3,600만원}}$$

03

상**중**하

다음 〈보기〉와 같은 상황에서 임대주택투자자의 1년간 자기자본수익률은?

제18회

〈보기〉

- 임대주택 총투자액: 100백만원
  - 차입금: 60백만원
  - 자기자본: 40백만원
- 차입조건: 이자율 연 8%, 대출기간 동안 매 1년 말에 이자만 지급하고 만기에 원금을 일시 상환
- 1년간 순영업소득: 8백만원
- 1년간 임대주택의 가격 상승률: 2%

① 7% ② 10% ③ 13%
④ 16% ⑤ 20%

$$\text{자기자본수익률} = \frac{\text{세전현금수지(= 순영업소득 − 부채서비스액)}}{\text{지분투자액(자기자본)}}$$

- 총투자액(부동산가격) 1억원 = 차입금 6,000만원 + 자기자본 4,000만원
- 세전현금수지 외에 문제에서 제시한 부동산가격상승분 200만원[= 부동산가격 1억원 × 0.02(2%)]까지 반영하여 계산한다.
- 부채서비스액은 매기 이자지급분만 반영하면 된다.
- 순영업소득이 800만원이고, 임대주택의 가격상승률이 2%, 즉 200만원이다.

$$\therefore\ \text{자기자본수익률} = \frac{800\text{만원}+200\text{만원 } - 480\text{만원}(=6,000\text{만원} \times 0.08)}{4,000\text{만원}} = \frac{520\text{만원}}{4,000\text{만원}} = 13\%(0.13)$$

04 상중하 부동산투자에서 (㉠) 타인자본을 40% 활용하는 경우와 (㉡) 타인자본을 활용하지 않는 경우, 각각의 1년간 자기자본수익률(%)은? (단, 주어진 조건에 한함) 제33회

> • 부동산매입가격: 20,000만원
> • 1년 후 부동산 처분
> • 순영업소득(NOI): 연 700만원(기간 말 발생)
> • 보유기간 동안 부동산가격 상승률: 연 3%
> • 대출조건: 이자율 연 5%, 대출기간 1년, 원리금은 만기일시상환

① ㉠: 7.0, ㉡: 6.0
② ㉠: 7.0, ㉡: 6.5
③ ㉠: 7.5, ㉡: 6.0
④ ㉠: 7.5, ㉡: 6.5
⑤ ㉠: 7.5, ㉡: 7.0

해설

부동산가격 상승분까지 반영하여 자기자본수익률을 구하는 문제이다.

$$자기자본수익률 = \frac{[세전현금수지(= 순영업소득 - 부채서비스액)] + 가격상승분}{지분투자액(자기자본)}$$

1. 부동산매입가격 = 총투자액 = 2억원
2. 부동산가격 상승분 600만원 = 부동산(매입)가격 2억원 × 부동산가격 상승률 연 3%(0.03)
3. 위 1.~2.를 적용하여 풀면 다음과 같다.
   ㉠ 타인자본을 40% 활용하는 경우, 자기자본은 60%이다.
   - 매입가격(총투자액) 2억원 중에서 타인자본 8천만원(= 2억원 × 0.4), 자기자본 1.2억원(= 2억원 × 0.6)이다.
   - 해당 문제에서 융자조건이 대출원금은 대출만기에 일시상환하므로, 부채서비스액은 이자만 반영하여 계산한다.
   - 부채서비스액 400만원 = 타인자본(융자금) 8천만원 × 이자율 연 5%(0.05)

   $$⇨ 7.5\% = \frac{900만원(= 700만원 - 400만원 + 600만원)}{지분투자액(자기자본 1.2억원)}$$

   ㉡ 타인자본을 활용하지 않는 경우 = 전액 자기자본으로 투자하는 경우

   $$⇨ 6.5\% = \frac{1,300만원(= 700만원 + 600만원)}{지분투자액(자기자본) 2억원}$$

∴ ㉠은 7.5, ㉡은 6.5이다.

05 상중하 甲은 시장가치 5억원의 부동산을 인수하고자 한다. 해당 부동산의 부채감당률(DCR)은? (단, 모든 현금 유출입은 연말에만 발생하며, 주어진 조건에 한함) 제34회

- 담보인정비율(LTV): 시장가치의 50%
- 연간 저당상수: 0.12
- 가능총소득(PGI): 5,000만원
- 공실손실상당액 및 대손충당금: 가능총소득의 10%
- 영업경비비율: 유효총소득의 28%

① 1.08
② 1.20
③ 1.50
④ 1.67
⑤ 1.80

해설

$$부채감당률 = \frac{순영업소득}{부채서비스액(원리금)[= 융자금 \times 저당상수]}$$

1. 순영업소득을 구하는 과정
   - 공실손실상당액 및 대손충당금 500만원 = 가능총소득 5,000만원 × 0.1(10%)
   - 유효총소득 4,500만원 = 가능총소득 5,000만원 − 공실손실상당액 및 대손충당금 500만원
   - 영업경비 1,260만원 = 유효총소득 4,500만원 × 0.28(28%)
   - 순영업소득 3,240만원 = 유효총소득 4,500만원 − 영업경비 1,260만원
2. 부채서비스액(원리금)을 구하는 과정
   - 융자금 2.5억원 = 시장가치 5억원 × 담보인정비율 50%(0.5)
   - 부채서비스액(원리금) 3,000만원 = 융자금 2.5억원 × 연간 저당상수 0.12

∴ 부채감당률 1.08 = $\dfrac{순영업소득\ 3,240만원}{부채서비스액(원리금)\ 3,000만원}$

06 시장가격이 5억원이고 순영업소득이 연 1억원인 상가를 보유하고 있는 A가 추가적으로
상중하 받을 수 있는 최대 대출가능금액은? (단, 주어진 조건에 한함)

제27회

- 연간 저당상수: 0.2
- 대출승인조건(모두 충족하여야 함)
  - 담보인정비율(LTV): 시장가격기준 60% 이하
  - 부채감당률(DCR): 2 이상
- 상가의 기존저당대출금: 1억원

① 1억원

② 1억 5천만원

③ 2억원

④ 2억 5천만원

⑤ 3억원

해설

- LTV 60% = $\dfrac{융자금(a)}{부동산가격\ 5억원}$

  ⇨ 융자금(a) = 부동산가격 5억원 × LTV 60%(0.6) = 3억원
  담보인정비율(LTV)을 적용한 융자금은 3억원을 넘을 수 없다.

- 부채감당률(DCR) 2 = $\dfrac{순영업소득\ 1억원}{부채서비스액(원리금)\ [=\ 융자금(b)\ ×\ 저당상수\ 0.2]}$

  ⇨ 1. 부채감당률(2) 수식에서 부채서비스액(원리금)을 계산하면,

    부채서비스액(원리금)은 5천만원$\left(=\dfrac{순영업소득\ 1억원}{부채감당률\ 2}\right)$이다.

   2. 분모 값인 매기의 부채서비스액(원리금) 5천만원은 융자금(b)에 저당상수를 곱하여[= 융자금(b) × 저당상수(0.2)]
      계산한다.

    따라서, 융자금(b)은 2억 5천만원$\left[=\dfrac{부채서비스액(원리금)\ 5천만원}{저당상수\ 0.2}\right]$이다.

∴ 담보인정비율(LTV)과 부채감당률(DCR) 두 가지 조건을 모두 충족하는(적은 한도 기준인) 최대대출가능금액은 2억 5천만원
   이지만, 여기에서 상가의 기존저당대출금 1억원을 공제하면 추가로 최대 대출가능금액은 1억 5천만원이다(융자가능액 1억
   5천만원 = 최대대출가능금액 2억 5천만원 − 기존저당대출금 1억원).

07

상중하

다음은 부동산회사의 부채비율에 관한 내용이다. (　　)에 들어갈 내용으로 옳은 것은?

제22회

구분	A회사	B회사
자본총계	160,000원	200,000원
부채총계	40,000원	200,000원
자산총계	(㉠)	(㉢)
부채비율	(㉡)	(㉣)

① ㉠ 200,000원, ㉡ 25%, ㉢ 400,000원, ㉣ 100%
② ㉠ 200,000원, ㉡ 10%, ㉢ 400,000원, ㉣ 100%
③ ㉠ 200,000원, ㉡ 10%, ㉢ 400,000원, ㉣ 75%
④ ㉠ 160,000원, ㉡ 25%, ㉢ 200,000원, ㉣ 75%
⑤ ㉠ 160,000원, ㉡ 10%, ㉢ 200,000원, ㉣ 100%

해설

㉠은 200,000원, ㉡은 25%, ㉢은 400,000원, ㉣은 100%이다.

- 자산(총투자액) = 자본(자기자본) + 부채(타인자본)

- 부채비율 = $\dfrac{타인자본(부채총계)}{자기자본(자본총계)}$

㉠ A회사의 자산총계 200,000원 = 자본 160,000원 + 부채 40,000원

㉡ A회사의 부채비율 25% = $\dfrac{타인자본(부채총계)\ \ 40,000원}{자기자본(자본총계)\ 160,000원}$

㉢ B회사의 자산총계 400,000원 = 자본 200,000원 + 부채 200,000원

㉣ B회사의 부채비율 100% = $\dfrac{타인자본(부채총계)\ 200,000원}{자기자본(자본총계)\ 200,000원}$

08 상 중 하 甲은 아래 조건으로 부동산에 10억원을 투자하였다. 이에 관한 투자분석의 산출값으로 틀린 것은? (단, 주어진 조건에 한함) 제34회

- 순영업소득(NOI): 2억원/년
- 원리금상환액: 2,000만원/년
- 유효총소득승수: 4
- 지분투자액: 8억원

① 유효총소득은 2억 5천만원

② 부채비율은 25%

③ 지분환원율은 25%

④ 순소득승수는 5

⑤ 종합환원율은 20%

해설

③ • 총투자액 10억원 = 지분투자액 8억원 + 융자금(저당투자액·부채) 2억원

• 지분환원(배당)율 = 지분투자수익률 = 자기자본(세전)수익률

• 지분환원율 22.5% = $\dfrac{\text{세전현금수지 1.8억원 (= 순영업소득 2억원 - 부채서비스액 2,000만원)}}{\text{지분투자액 8억원}}$

① 유효총소득승수 4 = $\dfrac{\text{총투자액 10억원}}{\text{유효총소득(a)}}$ ⇨ 유효총소득(a) = 총투자액 10억원 ÷ 4 = 2.5억원

② 부채비율 25% = $\dfrac{\text{타인자본(부채) 2억원}}{\text{자기자본(지분) 8억원}}$

④ 순소득승수 5 = $\dfrac{\text{총투자액 10억원}}{\text{순영업소득 2억원}}$

⑤ 종합환원율 20% = $\dfrac{\text{순영업소득 2억원}}{\text{총투자액 10억원}}$

더 알아보기

⑤ 종합환원율과 ④ 순소득승수는 역수관계이므로, 둘 중의 하나만 계산하면 시간을 절약할 수 있다.

09 상중하

다음의 자료를 통하여 산정한 값으로 <u>틀린</u> 것은? (단, 주어진 조건에 한함) 제26회

- 총투자액: 10억원
- 지분투자액: 6억원
- 세전현금수지: 6,000만원/년
- 부채서비스액: 4,000만원/년
- (유효)총소득승수: 5

① (유효)총소득: 2억원/년 ② 순소득승수: 10
③ 세전현금수지승수: 10 ④ (종합)자본환원율: 8%
⑤ 부채감당률: 2.5

해설

④ 종합자본환원율과 순소득승수가 역수관계라는 사실만 인지하여도 해결이 가능하다.

$$\Rightarrow \text{종합자본환원율 } 10\% = \frac{\text{순영업소득 1억원}}{\text{총투자액 10억원}^*}$$

* 총투자액(10억원) = 지분투자액 6억원 + 융자금(부채) 4억원

① $\text{총소득승수 } 5 = \dfrac{\text{총투자액 10억원}}{\text{유효총소득(a)}}$, 따라서 유효총소득(a) $= \dfrac{\text{총투자액 10억원}}{\text{총소득승수 5}} = 2\text{억원}$

② $\text{순소득승수 } 10 = \dfrac{\text{총투자액 10억원}}{\text{순영업소득 1억원}^{**}}$

** 순영업소득(b) − 부채서비스액 4,000만원 = 세전현금수지 6,000만원

따라서, 순영업소득(b)은 1억원이다.

③ $\text{세전현금수지승수 } 10 = \dfrac{\text{지분투자액 6억원}}{\text{세전현금수지 6,000만원}}$

⑤ $\text{부채감당률 } 2.5 = \dfrac{\text{순영업소득 1억원}}{\text{부채서비스액 4,000만원}}$

10 다음은 임대주택의 1년간 운영실적자료이다. 가능총소득에 대한 영업경비비율은? (단, 주어진 조건에 한함)

제27회

> - 호당 임대료: 연 5백만원
> - 임대가능호수: 60호
> - 공실률: 10%
> - 순영업소득: 연 2억 1천만원

① 2.38%

② 10%

③ 20%

④ 22.22%

⑤ 30%

해설

- 가능총소득 = 단위당 예상임대료(5백만원) × 임대단위 수(60호) = 3억원
- 공실률이 10%이므로 이에 해당하는 금액은 3천만원[= 가능총소득(3억원) × 10%]이다.
- 유효총소득 = 가능총소득(3억원) − 공실 및 대손충당금(3천만원) = 2억 7천만원
- 순영업소득(2억 1천만원) = 유효총소득(2억 7천만원) − 영업경비 ⇨ 영업경비 = 6천만원(x)

가능조소득	3억원
− 공실 및 대손충당금	3천만원
유효조소득	2억 7천만원
− 영업경비	6천만원(x)
순영업소득	2억 1천만원

∴ 영업경비비율 20% $= \dfrac{\text{영업경비}(x)\ 6천만원}{\text{가능총소득}\ 3억원}$

11
상 중 하

비율분석법을 이용하여 산출한 것으로 <u>틀린</u> 것은? (단, 주어진 조건에 한하며 연간기준임)

> • 주택담보대출액: 1억원
> • 주택담보대출의 연간 원리금상환액: 500만원
> • 부동산가치: 2억원
> • 차입자의 연소득: 1,250만원
> • 가능총소득: 2,000만원
> • 공실손실상당액 및 대손충당금: 가능총소득의 25%
> • 영업경비: 가능총소득의 50%

① 담보인정비율(LTV) = 0.5
② 부채감당률(DCR) = 1.0
③ 총부채상환비율(DTI) = 0.4
④ 채무불이행률(DR) = 1.0
⑤ 영업경비비율(OER, 유효총소득 기준) = 0.8

PART3
부동산투자론

해설

⑤ 영업경비비율(OER, 유효총소득 기준) = $\dfrac{\text{영업경비 1,000만원}}{\text{유효총소득 1,500만원}} ≒ 0.66$

  * 유효총소득(1,500만원) = 가능총소득(2,000만원) − 공실 및 대손충당금(2,000만원 × 0.25)

① 담보인정비율(LTV) 0.5 = $\dfrac{\text{융자금 1억원}}{\text{부동산가치 2억원}}$

② 부채감당률(DCR) = $\dfrac{\text{순영업소득 500만원}}{\text{부채서비스액(원리금) 500만원}}$ = 1.0

  ** 순영업소득(500만원) = 유효총소득(1,500만원) − 영업경비(2,000만원 × 0.5)

③ 총부채상환비율(DTI) = $\dfrac{\text{원리금 500만원}}{\text{연소득 1,250만원}}$ = 0.4

④ 채무불이행률(DR) = $\dfrac{\text{영업경비 1,000만원} + \text{부채서비스액(원리금) 500만원}}{\text{유효총소득 1,500만원}}$ = 1.0

정답 | 10 ③   11 ⑤

출제유형 **11** 어림셈법 지렛대효과 비율분석법   **81**

12

상중 하

다음 자료를 활용하여 산정한 순소득승수, 채무불이행률, 세후현금흐름승수를 순서대로 나열한 것은? (단, 주어진 조건에 한함)

제29회

- 총투자액: 15억원
- 지분투자액: 4억원
- 유효총소득승수: 6
- 영업경비비율(유효총소득 기준): 40%
- 부채서비스액: 6천만원/년
- 영업소득세: 1천만원/년

① 10, 64%, 5
② 10, 64%, 5.5
③ 10, 65%, 5.5
④ 11, 65%, 6
⑤ 11, 66%, 6

해설

유효총소득(a)	2억 5천만원*
− 영업경비	1억원**
순영업소득	1억 5천만원
− 부채서비스액	6천만원
세전현금수지	9천만원
− 영업소득세	1천만원
세후현금수지	8천만원

* 유효총소득승수 $6 = \dfrac{\text{총투자액 15억원}}{\text{유효총소득(a)}}$ $\left[\Rightarrow \text{유효총소득(a)} = \dfrac{\text{총투자액 15억원}}{\text{유효총소득승수 } 6} = 2억\ 5천만원 \right]$.

따라서 유효총소득(a)은 2억 5천만원이다.

** 영업경비 = 유효총소득(a) × 영업경비비율 = 2억 5천만원 × 0.4 = 1억원

- 순소득승수 $= \dfrac{\text{총투자액(15억원)}}{\text{순영업소득(1억 5천만원)}} = 10$

- 채무불이행률 $= \dfrac{\text{영업경비(1억원) + 부채서비스액(6천만원)}}{\text{유효총소득(2억 5천만원)}} = 64\%$

- 세후현금흐름승수 $= \dfrac{\text{지분투자액(4억원)}}{\text{세후현금수지(8천만원)}} = 5$

출제유형 12 회수기간법

💡 **Tip** • 짧은 시간에 쉽게 해결이 가능한 문제이므로, 개념정리를 잘 하여둔다.
- '기간 내에 현금흐름이 균등'하다는 문제의 조건은 1년차에 1,000만원을 회수하였다면 6개월(0.5년)에는 500만원을 회수한다는 의미이다.
  ⇨ 500만원을 회수하는데 6개월(0.5년)이 소요된다.
- 단순회수기간법은 화폐의 시간가치를 고려하지 않는 방법이다. 만일 현가(PV)회수기간법이 출제될 경우, 각 년도의 현금유입을 현재가치로 할인하여 할인한 금액을 기준으로 회수기간을 판단한다.

계산 Point

(단위: 억원)

기간	0	1	2	3	4	5
현금유출	−100					
현금유입		20	30	50	20	20

1. 현금유출(투자액)이 100억원이고, 이를 회수하는 데에는 3년(1년차 20억원 + 2년차 30억원 + 3년차 50억원 = 100억원)이 소요된다. 목표회수기간이 4년이라면, 투자안의 회수기간이 3년이므로 투자의 타당성이 있다.
2. 여러 투자안을 비교할 때에는 회수기간이 가장 짧은 투자안이 타당성이 높다고 분석한다.

01

상 중 **하**

다음 부동산 투자안에 관한 단순회수기간법의 회수기간은? (단, 주어진 조건에 한함) 제28회

기간	1기	2기	3기	4기	5기
초기 투자액 1억원(유출)					
순현금흐름	3,000만원	2,000만원	2,000만원	6,000만원	1,000만원

※ 기간은 연간 기준이며, 회수기간은 월 단위로 계산함

※ 초기투자액은 최초시점에 전액 투입하고, 이후 각 기간 내 현금흐름은 매월 말 균등하게 발생

① 2년 6개월

② 3년

③ 3년 6개월

④ 4년

⑤ 4년 6개월

해설

투자금액이 1억원이고, 3기까지의 회수금액은 7,000만원이다.

문제의 조건에서 현금흐름은 균등하다고 하였으므로 4기의 50%인 3,000만원까지 회수하면 총 회수금액은 1억원이 된다.

따라서 투자안의 회수기간은 3년 6개월(3.5년)이다.

02 단순회수기간법으로 다음 부동산투자안들을 분석한 결과 가장 타당한 것은? (단, 현금 흐름은 기간 중에 균등하게 발생한다고 가정)

제16회

기간	투자안별 현금흐름(단위: 만원)				
	A	B	C	D	E
현재	−500	−700	−600	−800	−900
1년	100	200	200	200	100
2년	300	300	100	100	200
3년	200	100	300	300	200
4년	100	100	200	400	300
5년	400	300	200	300	100

① A
② B
③ C
④ D
⑤ E

해설

현금흐름이 기간 중에 균등하다는 것은 1년에 100만원을 회수한다면 6개월(0.5년)에 50만원을 회수한다는 의미이다. 즉, 회수기간이 짧은 것이 타당성이 가장 높다.

투자안별 회수기간은 A = 2.5년, B = 4년, C = 3년, D = 3.5년, E = 5년이다.

단순회수기간법으로 투자분석을 할 때에 여러 투자안들 중에서 회수기간이 가장 짧은 투자안이 타당성이 가장 높다.

따라서 문제에서 가장 타당한 투자안은 회수기간이 가장 짧은 A투자안이다.

∴ 단순회수기간법에 따른 투자우선순위: A − C − D − B − E

출제유형 13 기대수익률 계산, 표준편차의 판단

💡 Tip 1. 문제에서 제시된 확률분포〈표〉의 가로(횡)축과 세로(종)축이 출제 회차마다 다른 경우가 있으므로, 〈표〉의 내용을 파악, 읽어내는 요령이 필요하다.

2. 개별자산(투자안)의 기대수익률을 구할 때 호황과 불황 등의 경제상황이 발생할 확률(비중)이

   • 동일할 경우(50% : 50%) ⇨ 산술평균(= $\frac{O+\nabla}{2}$)

   • 경제상황이 발생할 확률(비중)이 다를 경우(60% : 40%) ⇨ 가중평균
      ⇨ 가중평균 개념이 많이 사용된다.

3. 투자안의 표준편차(σ)를 계산할 때에는 루트($\sqrt{}$)를 사용해야 하지만, 일반계산기에는 루트($\sqrt{}$)가 없으므로 공인중개사 시험에 출제된 바가 없다. ⇨ 고려하지 않는다.

4. 분산(σ^2)은 제22회 시험에 출제된 바가 있으나, 당시 출제오류로 인해 현재까지 출제되지 않고 있다.
   분산은 정규분포(평균값을 기준으로 좌우 분포도 대칭)를 고려하기 때문에 첫 번째 경우의 값만 구하여 곱하기 2(×2)하면 시간을 절약할 수 있다. ⇨ 출제 가능성 극히 낮기 때문에 학습역량 범위 내에서 가볍게 접근한다.

5. 투자안의 분산이나 표준편차가 크다. ⇨ 투자위험이 크다. ⇨ 기대수익률을 달성할 가능성은 낮아진다. 예상한 것과 실제 결과가 달라질 가능성(차이)은 커진다.

계산 Point

1. 단위의 정리
   • 호황이 발생할 확률 30% ⇨ 0.3
   • 정상이 발생할 확률 40% ⇨ 0.4
   • 불황이 발생할 확률 30% ⇨ 0.3

2. 기대수익률(평균값)은 각 경제상황이 발생할 확률에 그에 해당하는 추정수익률을 곱해, 이의 합(⇨ 가중평균)으로 계산한다.
   • 기대수익률 = (확률 × 경제상황별 추정수익률) + (확률 × 경제상황별 추정수익률) …
   • 분산(σ^2) = (상황별 추정수익률 − 평균값)^2 × 확률 + (상황별 추정수익률 − 평균값)^2 × 확률 …

3. 포트폴리오 전체 기대수익률을 계산할 경우
   개별자산(투자안)의 기대수익률을 먼저 구하고, 투자안별 투자금액의 가중치(비중)를 고려하여 가중평균 등의 방법으로 계산한다.

01
상 중 하

상가, 오피스텔, 아파트에 대한 경제상황별 수익률이 다음과 같이 추정될 때, 이에 관한 설명으로 틀린 것은?

제20회

구분		경제상황	
		호황	불황
확률		0.5	0.5
수익률 (%)	상가	16	6
	오피스텔	12	4
	아파트	8	2

① 각 상품의 기대수익률은 경제상황별 확률에 해당 상품의 경제상황별 추정수익률을 곱하여 계산한다.
② 기대수익률은 상가가 가장 높고, 다음은 오피스텔이며, 아파트가 가장 낮다.
③ 투자위험은 추정수익률의 분포, 즉 분산이나 표준편차로 측정할 수 있다.
④ 투자위험은 아파트가 가장 낮고, 다음은 오피스텔이며, 상가가 가장 높다.
⑤ 평균분산지배원리를 기준으로 볼 때, 상가가 아파트를 지배한다.

해설

⑤ 상가는 아파트에 비해 기대수익률과 표준편차가 모두 크기 때문에 지배관계에 있지 않다. 상가는 상대적으로 고위험–고수익 투자안이며, 아파트는 상대적으로 저위험–저수익 투자안이다. 세 가지 투자대안 모두 상호 지배관계에 있지 않으므로 효율적 포트폴리오(투자대안)이다. ⇨ 모두 효율적 전선(프론티어)에 존재하는 투자대상후보이다.

② 각 상품의 기대수익률: 가중평균의 방법으로 계산하지만, 해당 문제는 호황과 불황의 확률이 동일(각각 50%)하므로 산술평균할 수 있다.
• 상가 = (0.5 × 16%) + (0.5 × 6%) = 11%
• 오피스텔 = (0.5 × 12%) + (0.5 × 4%) = 8%
• 아파트 = (0.5 × 8%) + (0.5 × 2%) = 5%

④ 각 상품의 분산(투자위험)은 다음과 같다.
• 상가 $25 = (16 - 11)^2 \times 0.5 + (6 - 11)^2 \times 0.5$ ⇨ 표준편차 5%
• 오피스텔 $16 = (12 - 8)^2 \times 0.5 + (4 - 8)^2 \times 0.5$ ⇨ 표준편차 4%
• 아파트 $9 = (8 - 5)^2 \times 0.5 + (2 - 5)^2 \times 0.5$ ⇨ 표준편차 3%

구분	상가	오피스텔	아파트
기대수익률	11%	8%	5%
표준편차	5%	4%	3%

02

상중하

상가 경제상황별 예측된 확률이 다음과 같을 때, 상가의 기대수익률이 8%라고 한다. 정상적 경제상황의 경우 (   )에 들어갈 예상수익률은? (단, 주어진 조건에 한함) 제30회

상가의 경제상황		경제상황별 예상수익률(%)	상가의 기대수익률(%)
상황별	확률(%)		
비관적	20	4	
정상적	40	( )	8
낙관적	40	10	

① 4   ② 6   ③ 8   ④ 10   ⑤ 12

해설

- 상가의 기대수익률 8% = $(0.2 \times 4\%) + (0.4 \times x\%) + (0.4 \times 10\%)$
  $$= 0.8\% + a\% + 4\%$$
  $$\Rightarrow a\% = 3.2\%$$
- a는 $0.4 \times x\%$이므로, x로 정리하여 구한다.
- ∴ 정상적인 상황의 예상수익률($x\%$) = 3.2%(= 0.032) ÷ 0.4 = 8%(= 0.08)

🖢 더 알아보기

투자안의 기대수익률은 각 경제상황이 발생할 확률에 경제상황별 예상(추정)수익률을 곱한 다음, 이의 합을 구하여(가중평균하여) 계산한다.

03

상중하

다음과 같은 조건에서 부동산 포트폴리오의 기대수익률(%)은? (단, 포트폴리오의 비중은 A부동산은 50%, B부동산은 50%임) 제24회

경제 상황	각 경제상황이 발생할 확률(%)	각 경제상황에 따른 예상수익률(%)	
		A부동산	B부동산
불황	40	20	10
호황	60	70	30

① 24   ② 28   ③ 32   ④ 36   ⑤ 40

해설

먼저 개별자산의 기대수익률을 구하고, 이것을 다시 투자금액의 비중에 따라 가중평균하여 전체 포트폴리오의 기대수익률을 구한다.

- A부동산의 기대수익률 : $(0.4 \times 20\%) + (0.6 \times 70\%) = 50\%$
- B부동산의 기대수익률 : $(0.4 \times 10\%) + (0.6 \times 30\%) = 22\%$

프트폴리오 금액 비중: A부동산 50% ⇨ 가중치 0.5, B부동산 50% ⇨ 가중치 0.5

따라서 포트폴리오의 기대수익률은 $(0.5 \times 50\%) + (0.5 \times 22\%) = 36\%$이다.

더 알아보기

해당 문제의 포트폴리오 기대수익률은 A와 B의 포트폴리오 금액비중이 동일하므로, 산술평균을 통해 구할 수도 있다.

$$\Rightarrow 36\% = \frac{\text{A부동산 기대수익률 50\%} + \text{B부동산 기대수익률 22\%}}{2}$$

04
상중하

A · B · C 3개의 부동산시장으로 이루어진 포트폴리오가 있다. 이 포트폴리오의 자산비중 및 경제상황별 예상수익률분포가 다음 표와 같을 때 전체 포트폴리오의 기대수익률은? (다만, 호황과 불황의 확률은 각각 50%임)

제21회

구분	포트폴리오 비중(%)	경제상황별 예상수익률(%)	
		호황	불황
A 부동산	20	6	4
B 부동산	30	8	4
C 부동산	50	10	2

① 5.0% ② 5.2% ③ 5.4%
④ 5.6% ⑤ 5.8%

해설

1. 먼저 개별자산의 기대수익률을 구하고, 이것을 다시 투자금액의 비중(가중치)에 따라 가중평균하여 전체 포트폴리오의 기대수익률을 구한다.
   - A 부동산의 기대수익률 = $(0.5 \times 6\%) + (0.5 \times 4\%) = 5\%$
   - B 부동산의 기대수익률 = $(0.5 \times 8\%) + (0.5 \times 4\%) = 6\%$
   - C 부동산의 기대수익률 = $(0.5 \times 10\%) + (0.5 \times 2\%) = 6\%$
2. 포트폴리오 금액 비중(가중치)
   - A부동산 20% ⇨ 0.2
   - B부동산 30% ⇨ 0.3
   - C부동산 50% ⇨ 0.5

따라서 전체 포트폴리오의 기대수익률 = $(0.2 \times 5\%) + (0.3 \times 6\%) + (0.5 \times 6\%) = 5.8\%$이다.

정답 | 02 ③ 03 ④ 04 ⑤

05 자산비중 및 경제상황별 예상수익률이 다음과 같을 때, 전체 구성자산의 기대수익률은?
상**중**하 (단, 확률은 호황 40%, 불황 60%임)

제25회

구분	자산비중	경제상황별 예상 수익률	
		호황	불황
상가	20%	20%	10%
오피스텔	30%	25%	10%
아파트	50%	10%	8%

① 11.5% ② 12.0%

③ 12.5% ④ 13.0%

⑤ 13.5%

해설

포트폴리오의 기대수익률은 개별자산(투자안)의 기대수익률을 먼저 구하고, 투자금액의 가중치를 부여하여 전체 포트폴리오의 기대수익률을 구한다.

• 상가 = (0.4 × 20%) + (0.6 × 10%) = 14%
• 오피스텔 = (0.4 × 25%) + (0.6 × 10%) = 16%
• 아파트 = (0.4 × 10%) + (0.6 × 8%) = 8.8%
∴ 포트폴리오의 기대수익률 = (0.2 × 14%) + (0.3 × 16%) + (0.5 × 8.8%) = 12%

land.Hackers.com

5개년 출제
문제 수
47개

PART 4

3 문제

PART 4

부동산금융론

Tip
- 담보인정비율(LTV)와 소득대비 부채비율(DTI) 두 가지 조건을 모두 충족하는 최대대출가능금액을 계산할 때에는 적은 한도를 기준으로 판단한다.
- 문제의 조건에 기존주택담대출금액(예 7천만원)이 제시되기도 하고, 기존 주택담도대출의 연간 원리금(예 연 1,200만원 원리금상환)이 제시되기도 한다. ⇨ 이렇게 제시된 금액을 공제하여 융자가능액을 구한다.
- 담보인정비율(LTV) 수식의 분자 값인 융자금이나, 소득대비 부채비율(DTI) 수식의 분자 값인 원리금을 구하는 문제도 출제된 바가 있다.
  ⇨ 문제에서 무엇을 요구하는 잘 파악하여야 한다.

계산 **Point**

1. $\text{LTV(A)} = \dfrac{\text{융자금(C)}}{\text{부동산가치(B)}}$

   - LTV(A) 값을 구할 경우 ⇨ 융자금(C) ÷ 부동산가치(B)
   - 융자금(C)을 구할 경우 ⇨ 부동산가치(B) × LTV(A)
   - 부동산가치(B)를 구할 경우 ⇨ 융자금(C) ÷ LTV(A)

2. $\text{DTI } 40\% = \dfrac{\text{연간 원리금(A)(= 융자금 × 저당상수)}}{\text{연소득 5,000만원}}$

   - 연간 원리금(A) = 연소득 5,000만원 × 0.4(40%) = 2,000만원
     ⇨ 융자로 인해 매년 상환해야 할 원리금은 2,000만원을 넘을 수 없다는 의미이다.

   $\therefore$ DTI 기준 융자금(융자가능액) $= \dfrac{\text{연간 원리금}}{\text{저당상수}}$

01
상중하

주택담보대출을 희망하는 A의 소유주택 시장가치가 3억원이고 연소득이 5,000만원이며 다른 부채가 없다면, A가 받을 수 있는 최대 대출가능금액은? (단, 주어진 조건에 한함)

제26회

- 연간저당상수: 0.1
- 대출승인 기준
  - 담보인정비율(LTV): 시장가치기준 60%
  - 총부채상환비율(DTI): 40%
  ※ 두 가지 대출승인 기준을 모두 충족시켜야 함

① 1억원　　　　　　　　　　② 1억 5,000만원

③ 1억 8,000만원　　　　　　④ 2억원

⑤ 2억 2,000만원

해설

- LTV 60%(0.6) = $\dfrac{융자금(a)}{부동산가격(3억원)}$

  ⇨ 담보인정비율(LTV)을 적용한 융자금(a)은 1억 8,000만원(= 3억원 × 0.6)이다.

- DTI 40%(0.4) = $\dfrac{원리금(b)}{연간\ 소득(5,000만원)}$　⇨ 원리금(b)은 2,000만원(= 5,000만원 × 0.4)이다.

  여기서 분자값인 원리금(b)은 2,000만원 = 융자금(c) × 저당상수(0.1)이다.

  따라서, 융자금(c)은 2억원 $\left[= \dfrac{원리금(2,000만원)}{저당상수(0.1)}\right]$이다.

∴ 담보인정비율(LTV)을 적용한 융자액은 1억 8,000만원이고, 총부채상환비율(DTI)을 적용한 융자액은 2억원이다. 두 가지 조건을 모두 충족시키려면 둘 중 적은 한도금액인 1억 8,000만원이 최대대출가능금액이다.

정답 | 01 ③

02 A가 다음과 같이 시중은행에서 주택을 담보로 대출을 받고자 할 때 A가 받을 수 있는
상中하 최대대출가능금액은?

제19회 수정

> • 대출승인 기준: 담보인정비율(LTV) 60%, 소득대비 부채비율(DTI) 40%(두 가지 대출
>   승인 기준을 모두 충족시켜야 함)
> • A의 서울소재 주택의 담보평가가격: 500,000,000원
> • A의 연간 소득: 60,000,000원
> • 기존주택담보대출: 연간 12,000,000원(원리금상환)
> • 연간 저당상수: 0.12

① 100,000,000원

② 150,000,000원

③ 200,000,000원

④ 240,000,000원

⑤ 300,000,000원

해설

• LTV 60% = $\dfrac{\text{융자금(a) 3억원}}{\text{부동산가치 5억원}}$

• DTI 40% = $\dfrac{\text{원리금 2,400만원}}{\text{연소득 6,000만원}}$

위 조건에서 연간 상환할 원리금이 2,400만원을 초과할 수 없으나, 이미 기존주택담보대출의 원리금으로 연간 1,200만원이 있기 때문에 이 금액을 공제한 결과로 융자가능액을 구한다. ⇨ 기존 주택담보대출의 원리금 1,200만원까지 고려하여 연간 총 상환해야 할 원리금은 2,400만원을 넘을 수 없다는 의미이다.

즉, 분자 값 원리금 = 2,400만원 − 1,200만원(기존주택담보대출 원리금) = 1,200만원이다.

따라서 매기의 원리금(1,200만원)[= 융자금(b) × 저당상수(0.12)]이고, 여기서 융자금을 구하여야 하므로, 원리금 1,200만원을 저당상수 0.12로 나누어주면 융자금은 1억원이 된다.

⇨ 융자금(b) = $\dfrac{\text{원리금 1,200만원}}{\text{저당상수 0.12}}$ ⇨ 융자금(b) = 1억원

∴ 대부비율(60%)만 적용하면 융자가능액은 3억원이지만, 소득대비 부채비율(40%)을 적용하고 기존주택담보대출의 원리금상환액이 제시되었으므로, 이러한 조건을 고려한 융자가능액(최대대출가능금액)은 1억원이 된다.

03
상**중**하

A씨는 이미 은행에서 부동산을 담보로 7,000만원을 대출받은 상태이다. A씨가 은행으로부터 추가로 받을 수 있는 최대담보대출금액은? (단, 주어진 조건에 한함) 제28회

- 담보부동산의 시장가치: 5억원
- 연소득: 6,000만원
- 연간 저당상수: 0.1
- 대출승인기준
  - 담보인정비율(LTV): 시장가치기준 50%
  - 총부채상환비율(DTI): 40%
  ※ 두 가지 대출승인기준을 모두 충족시켜야 함

① 1억 5,000만원
② 1억 7,000만원
③ 1억 8,000만원
④ 2억 4,000만원
⑤ 2억 5,000만원

해설

- LTV 50%(0.5) = $\dfrac{융자금(a)}{부동산가격(5억원)}$

  ⇨ 담보인정비율(LTV)규제에 따른 융자금(a)은 2억 5,000만원(= 5억원 × 0.5)이다.

- DTI 40%(0.4) = $\dfrac{원리금(b)}{연간\ 소득(6,000만원)}$ ⇨ 원리금(b)은 2,400만원(= 6,000만원 × 0.4)이다.

  여기서 분자 값인 원리금은 2,400만원[= 융자금(c) × 저당상수(0.1)]이다.

  따라서, 융자금(c)은 2억 4,000만원$\left[=\dfrac{원리금(2,400만원)}{저당상수(0.1)}\right]$이다.

∴ 담보인정비율(LTV)을 적용한 융자액은 2억 5,000만원이고, 총부채상환비율(DTI)을 적용한 융자액은 2억 4,000만원이다. 두 가지 조건을 모두 충족시키려면 적은 금액인 2억 4,000만원이 최대대출가능금액이지만, 이미 기존 담보대출금액 7,000만원이 있으므로 이를 반영(공제)한 최대로 담보대출이 가능한 금액은 1억 7,000만원(= 2억 4,000만원 − 7,000만원)이다.

04 상**중**하

담보인정비율(LTV)과 차주상환능력(DTI)이 상향 조정되었다. 이 경우 A가 기존 주택담보대출금액을 고려한 상태에서 추가로 대출가능한 최대금액은? (단, 금융기관의 대출승인 기준은 다음과 같고, 다른 조건은 동일함)

제25회

> • 담보인정비율(LTV): 60% ⇨ 70%로 상향
> • 차주상환능력(DTI): 50% ⇨ 60%로 상향
> • A소유주택의 담보평가가격: 3억원
> • A소유주택의 기존 주택담보대출금액: 1.5억원
> • A의 연간소득: 3천만원
> • 연간 저당상수: 0.1
> ※ 담보인정비율(LTV)과 차주상환능력(DTI)은 모두 충족시켜야 함

① 2천만원
② 3천만원
③ 4천만원
④ 5천만원
⑤ 6천만원

해설

• LTV $70\%(0.7) = \dfrac{\text{융자금(a)}}{\text{부동산가격}} = \dfrac{2억 1천만원}{3억원}$

  ⇨ 담보인정비율(LTV)규제에 따른 융자금(a)은 2억 1,000만원(= 3억원 × 0.7)이다.

• DTI $60\%(0.6) = \dfrac{\text{원리금(b)}}{\text{연소득(3천만원)}}$ ⇨ 원리금(b)은 1,800만원(= 3천만원 × 0.6)이다.

  여기서 분자 값인 원리금은 1,800만원 = 융자금(c) × 저당상수(0.1)이다.

  따라서, 융자금(c)은 1억 8,000만원 $\left[= \dfrac{\text{원리금(1,800만원)}}{\text{저당상수(0.1)}} \right]$ 이다.

∴ 두 가지 조건을 모두 충족시키는 최대융자가능금액이 1억 8천만원이지만, 이미 기존 주택담보대출금액 1억 5천만원이 있으므로, 이를 반영(공제)하여 추가로 대출가능한 금액은 3천만원(= 1억 8천만원 − 1억 5천만원)이 된다.

05 금융기관이 대출비율(Loan To Value) 50%와 총부채상환비율(Debt To Income) 30% 중에서 적은 금액을 한도로 주택담보대출을 제공하고 있다. 다음과 같은 상황일 때 차입자의 첫 월 불입액은?

상중 하

제20회

> • 주택가격이 1억원이고 차입자의 연소득은 1천만원이다.
> • 대출기간은 25년, 대출이자율은 연 6% 그리고 원리금균등분할상환이다(월 저당상수 = 0.006443).
> • 차입자는 대출을 최대한 많이 받고 싶어 한다.
> • 숫자는 소수점 첫째 자리 이하에서 절상한다.

① 322,150원

② 290,000원

③ 270,000원

④ 250,000원

⑤ 230,000원

해설

• LTV 50% = $\dfrac{융자금}{부동산가격}$ = $\dfrac{융자금(a)}{1억원}$

 ⇨ 융자금(a) 5,000만원 = 1억원 × 0.5(50%)

 대출비율(LTV)규제에 따른 융자금(a)은 5,000만원이다.

 따라서, 매년 원리금 322,150원 = 융자금 5천만원 × 월 저당상수 0.006443

• DTI 30% = $\dfrac{원리금}{연간 소득}$ = $\dfrac{원리금상환액(b)}{1천만원}$

 ⇨ 매년 원리금상환액(b)은 300만원 = 1천만원 × 0.3(30%)

 총부채상환비율(DTI)규제에 따른 연간 원리금상환액은 300만원이다.

 따라서 매월 원리금상환액 250,000원 = $\dfrac{연간 원리금 300만원}{12개월}$

∴ 대출비율(LTV)규제에 따른 매월 원리금은 322,150원이지만, 둘 중 더 적은 금액을 한도로 주택담보대출을 제공하므로 DTI 규제를 통한 매월 원리금 250,000원(적은 금액)이 정답이다.

06

상**중**하

주택금융과 관련된 다음 상환에서 옳은 것은? (단, 다른 조건과 가정은 배제함) 제22회

> ㉠ A는 총부채상환비율(Debt To Income)이 적용되지 않는 지역에 소재하는 주택매입
> 을 위하여 담보인정비율(Loan To Value) 50%를 적용하여 주택담보대출 2억원을
> 받으려 할 때, A가 매입하고자 하는 주택의 담보평가가격은 얼마 이상이어야 하는가?
> ㉡ 담보인정비율(Loan To Value)은 적용되지 않으나 총부채상환비율(Debt To Income)
> 이 40%인 지역에서 연소득 4천만원인 B가 매월 원리금균등분할상환액이 150만원인
> 주택담보대출을 받으려 할 때, B의 대출가능 여부는?

① ㉠: 4억원,　　　　㉡: 대출가능

② ㉠: 4억원,　　　　㉡: 대출불가능

③ ㉠: 3억 5천만원,　㉡: 대출불가능

④ ㉠: 3억원,　　　　㉡: 대출가능

⑤ ㉠: 3억원,　　　　㉡: 대출불가능

해설

㉠ 담보인정비율(LTV)이 50%라는 것은 주택의 부동산가격(가치)에 50%를 대출받을 수 있다는 의미이다. 따라서 주택담보대출
2억원을 받는다는 것은 주택의 담보평가가격이 4억원 이상이어야 한다.

$$\text{LTV } 50\% = \frac{\text{융자금}}{\text{부동산가격}} = \frac{2\text{억원}}{\text{부동산가격}}$$

따라서 부동산담보평가가격(가치)은 4억원(= 2억원 ÷ 0.5) 이상이어야 한다.

㉡ $$\text{DTI } 40\% = \frac{\text{원리금}}{\text{연간 소득}} = \frac{\text{원리금(a)}}{4{,}000\text{만원}}$$

따라서, 연간 상환해야 할 원리금(a)은 1,600만원(= 4,000만원 × 0.4)을 넘을 수 없다는 의미이다. 그러나 문제의 조건인
매월 150만원씩 상환하게 되면 연간 기준 1,800만원(= 150만원 × 12개월)을 상환해야 하므로 DTI 규제에 따른 연간 원리금
상한인 1,600만원을 초과하기 때문에 대출이 불가능하다.

출제유형 **15** 융자금(저당대출)의 상환방법

💡 Tip 1. 원금균등상환방식과 원리금균등상환방식의 2차년도까지의 계산과정은 상환조견표를 사용하여 연습해 두어야 변형된 문제도 해결이 가능하다.

　　⇨ 지문형 문제도 해결 용이하다.

2. 전년도 말의 잔금(잔고)에 이자율(대출금리)을 곱하면 다음 년도 이자지급분을 구할 수 있다.

　　⇨ 전년도 말 잔금 × 이자율 = 다음 년도 이자지급분

3. 대출금리(이자율) 계산

　　예 $\dfrac{1차년도\ 이자지급분\ 2,400만원}{대출원금(융자금)\ 4억원} = 0.06(6\%)$

4. 문제에서 월(月)단위의 금액을 계산할 경우

　　· 원금균등상환방식에서 월(月) 균등한 원금 = 융자금 ÷ 상환기간(年) ÷ 12개월(月)

　　· 원리금균등상환방식에서 월(月) 원리금 = 융자금 × 월(月) 저당상수

　　　*원리금균등상환방식에서는 월(月) 저당상수 값이 제시됨

계산 Point

1. 원금균등상환방식

　　⊙ 매년 균등한 원금 = $\dfrac{융자금(대출원금)}{상환(대출)기간}$

　　ⓛ 매년 이자지급분 = 저당잔금 × 이자율

　　ⓒ 매년 원리금 = ⊙ 매년 균등한 원금 + ⓛ 잔금에 해당하는 이자

2. 원리금균등상환방식

　　⊙ 매년 원리금 = 융자금(대출원금, 저당대부액) × 저당상수

　　ⓛ 매년 이자지급분 = 저당잔금 × 이자율

　　ⓒ 매년 원금상환분 = ⊙ 매년 원리금 − ⓛ 매년의 이자지급분

01 상**중**하 A씨는 주택을 구입하기 위해 은행으로부터 5억원을 대출받았다. 은행의 대출조건이 다음과 같을 때, 9회차에 상환할 원리금상환액과 13회차에 납부하는 이자납부액을 순서대로 나열한 것은? (단, 주어진 조건에 한함) 제28회

> • 대출금리: 고정금리, 연 5%
> • 대출기간: 20년
> • 원리금 상환조건: 원금균등상환이고, 연 단위 매 기말 상환

① 4,000만원, 1,000만원   ② 4,000만원, 1,100만원
③ 4,500만원, 1,000만원   ④ 4,500만원, 1,100만원
⑤ 5,000만원, 1,100만원

해설

전년도 말의 잔금에 대출이자율을 곱하면 해당 년도의 이자지급액을 구할 수 있다.

1. 균등한 원금 = $\dfrac{융자금\ 5억원}{융자기간\ 20년}$ = 2,500만원

2. 9회차의 원리금을 묻고 있으므로, 8회차 말의 잔금을 구한다.
   • 8회차까지의 원금상환액 = 원금(2,500만원) × 상환기간(8년) = 2억원
   • 8회차 말 잔금 = 융자원금(5억원) − 상환원금(2억원) = 3억원
   • 9회차의 이자 = 8회차 말 잔금(3억원) × 이자율(0.05) = 1,500만원
   ∴ 9회차의 원리금 = 균등한 원금(2,500만원) + 이자지급분(1,500만원) = 4,000만원

3. 13회차의 이자지급분을 묻고 있으므로, 12회차 말의 잔금을 구한다.
   • 12회차까지의 원금상환액 = 원금(2,500만원) × 상환기간(12년) = 3억원
   • 12회차 말 잔금 = 융자원금(5억원) − 상환원금(3억원) = 2억원
   ∴ 13회차의 이자 = 12회차 말 잔금(2억원) × 이자율(0.05) = 1,000만원

기간	원금상환분	이자지급분	원리금	잔금
8	2,500만원			3억원
9	2,500만원	1,500만원(= 3억원 × 0.05)	4,000만원	
...	...	...	...	...
12	2,500만원			2억원
13	2,500만원	1,000만원(= 2억원 × 0.05)		

02
상중하

A씨는 8억원의 아파트를 구입하기 위해 은행으로부터 4억원을 대출받았다. 은행의 대출조건이 다음과 같을 때, A씨가 2회차에 상환할 원금과 3회차에 납부할 이자액을 순서대로 나열한 것은? (단, 주어진 조건에 한함)

제29회

- 대출금리: 고정금리, 연 6%
- 대출기간: 20년
- 저당상수: 0.087
- 원리금상환조건: 원리금균등상환방식, 연 단위 매 기간 말 상환

① 10,800,000원, 23,352,000원
② 11,448,000원, 22,665,120원
③ 11,448,000원, 23,352,000원
④ 12,134,880원, 22,665,120원
⑤ 12,134,880원, 23,352,000원

해설

1. 원리금 = 융자금(400,000,000원) × 저당상수(0.087) = 34,800,000원
2. 1차년도
   - 1차년도 이자지급분 = 잔금(400,000,000원) × 이자율(0.06) = 24,000,000원
   - 1차년도 원금상환분 = 원리금(34,800,000원) − 이자(24,000,000원) = 10,800,000원
   - 1차년도 잔금 = 융자금(400,000,000원) − 1차년도 원금상환분(10,800,000원) = 389,200,000원
3. 2차년도
   - 2차년도 이자지급분 = 1차년도 잔금(389,200,000원) × 이자율(0.06) = 23,352,000원
   - 2차년도 원금상환분 = 원리금(34,800,000원) − 이자(23,352,000원) = 11,448,000원
   - 2차년도 잔금 = 1차년도 잔금(389,200,000원) − 2차년도 원금상환분(11,448,000원) = 377,752,000원
4. 3차년도 이자지급분 = 2차년도 잔금(377,752,000원) × 이자율(0.06) = 22,665,120원

∴ 2회차에 상환할 원금은 11,448,000원이고, 3회차에 납부할 이자액은 22,665,120원이다.

기간	원리금	이자지급분	원금상환분	잔금(미상환)
1	34,800,000원	24,000,000원	10,800,000원	389,200,000원
2	34,800,000원	23,352,000원	11,448,000원	377,752,000원
3	34,800,000원	22,665,120원		

03 A는 주택 구입을 위해 연초에 6억원을 대출받았다. A가 받은 대출 조건이 다음과 같을 때, (㉠)대출금리와 3회차에 상환할 (㉡)원리금은? (단, 주어진 조건에 한함) 제32회

> • 대출금리: 고정금리
> • 대출기간: 30년
> • 원리금상환 조건: 원금균등상환방식, 매년 말 연단위로 상환
> • 1회차 원리금상환액: 4,400만원

① ㉠: 연 4%, ㉡: 4,240만원   ② ㉠: 연 4%, ㉡: 4,320만원

③ ㉠: 연 5%, ㉡: 4,240만원   ④ ㉠: 연 5%, ㉡: 4,320만원

⑤ ㉠: 연 6%, ㉡: 4,160만원

해설

• 매년 균등한 원금 2,000만원 = $\dfrac{\text{융자원금 6억원}}{\text{융자기간 30년}}$

기간	원금상환분	이자지급분	원리금	잔금
1	2,000만원	2,400만원	4,400만원	5억 8,000만원
2	2,000만원	2,320만원	4,320만원	5억 6,000만원
3	2,000만원	2,240만원	(㉡): 4,240만원	

• 1차년도 이자지급분 2,400만원 = 원리금 4,400만원 − 1차년도 원금상환분 2,000만원

∴ 대출금리(㉠): 0.04(4%) = $\dfrac{\text{이자지급분 2,400만원}}{\text{융자원금 6억원}}$

• 3차년도 이자지급분 2,240만원 = 2차년도말 잔금 5억 6,000만원 × 이자율 0.04

∴ 3차년도 원리금상환액(㉡): 4,240만원 = 원금상환분 2,000만원 + 3차년도 이자지급분 2,240만원

04 상 중 하

A는 아파트를 구입하기 위해 은행으로부터 연초에 4억원을 대출받았다. A가 받은 대출의 조건이 다음과 같을 때, 대출금리(㉠)와 2회차에 상환할 원금(㉡)은? (단, 주어진 조건에 한함)

제31회

- 대출금리: 고정금리
- 대출기간: 20년
- 연간 저당상수: 0.09
- 1회차 원금상환액: 1,000만원
- 원리금상환조건: 원리금균등상환방식, 매년 말 연단위 상환

---

① ㉠: 연간 5.5%, ㉡: 1,455만원 ② ㉠: 연간 6.0%, ㉡: 1,260만원

③ ㉠: 연간 6.0%, ㉡: 1,455만원 ④ ㉠: 연간 6.5%, ㉡: 1,065만원

⑤ ㉠: 연간 6.5%, ㉡: 1,260만원

해설

- 원리금 3,600만원 = 융자금 4억원 × 저당상수 0.09

기간	원리금	이자지급분	원금상환분	잔금(미상환)
1	3,600만원	2,600만원	1,000만원	3억 9,000만원
2	3,600만원	2,535만원	㉡ 1,065만원	

- 1차년도 이자지급분 2,600만원 = 원리금 3,600만원 − 1차년도 원금상환분 1,000만원

  ∴ 대출금리(㉠)는 0.065(6.5%) = $\dfrac{\text{이자지급분 2,600만원}}{\text{융자원금 4억원}}$ 이다.

- 2차년도 이자지급분 2,535만원 = 1차년도 잔금 3억 9,000만원 × 이자율 0.065

  ∴ 2차년도 원금상환분(㉡)은 1,065만원(= 원리금 3,600만원 − 2차년도 이자지급분 2,535만원)이다.

PART 5

6 문제

5개년 출제
문제 수
47개

PART 5

부동산개발 및 관리론

💡**Tip** • 제시되는 〈표〉의 세로축 내용과 가로축 내용이 변경되기도 한다. 〈표〉에서 제시된 내용을 파악하는 것이 선행되어야 한다.
  • 제시되는 〈표〉에서 가장 먼저 확인할 것은 전국의 총고용인구(생산액 또는 소득)이다.
  • 1~2분 내에 해결이 가능한 문제인지 판단하여 대응하여야 한다.
    ⇨ 과도하게 적정시간 이상을 소요되게 하는 문제 유형이 출제될 수 있다.

계산 **Point**

1. 전국 대비 특정 지역에서 **특화된 산업이 무엇인가를 판단하는 지표**로, 입지계수는 전국의 X산업의 고용률(%)에 대한 지역의 X산업의 고용률(%)로 구하게 된다.

$$\text{입지계수(LQ)} = \frac{\text{지역의 X산업 고용률}}{\text{전국의 X산업 고용률}} = \frac{\dfrac{\text{지역의 X산업 고용인구}}{\text{지역의 총고용인구}}}{\dfrac{\text{전국의 X산업 고용인구}}{\text{전국의 총고용인구}}}$$

① 입지계수(LQ) > 1: **(수출)기반산업으로, 지역경제의 성장성을 유도하는 산업**
② 입지계수(LQ) < 1: 비기반산업으로, 지역경제의 안정성을 유지하는 산업
③ 입지계수(LQ) = 1: 전국 평균과 동일하게 분포된 산업

2. 제시되는 〈표〉에서 내용을 확인하여 순서대로 번호를 붙인다.

산업 / 지역	A	B	전국
부동산	④ 100	400	② 500
기타	200	200	400
전체	③ 300	600	① 900

• 수식의 분모 값인 전국의 총고용인구(생산액, 소득)에 번호 ①을 표기한다.
• 전국의 부동산업 고용인구(생산액, 소득)에 번호 ②를 표기한다.
• A지역의 총고용인구(생산액, 소득)에 번호 ③을 표기한다.
• A지역의 부동산업 고용인구(생산액, 소득)에 번호 ④를 표기한다.

$$\therefore \text{A지역 부동산업 입지계수(LQ)} = \frac{\dfrac{④\ 100}{③\ 300}}{\dfrac{②\ 500}{①\ 900}} ≒ \frac{0.333}{0.555} = 0.6$$

01

다음 표에서 A지역 부동산산업의 입지계수(locational quotient)는?

지역별 산업생산액(단위: 억원)

산업＼지역	A	B	전국
부동산	100	400	500
기타	200	200	400
전체	300	600	900

① 0.5

② 0.6

③ 0.75

④ 1.2

⑤ 1.5

해설

입지계수는 $\dfrac{\text{지역의 X산업 고용률}}{\text{전국의 X산업 고용률}}$ 의 비율을 말한다.

$\therefore$ A지역 부동산사업의 입지계수(LQ) = $\dfrac{\dfrac{\text{A지역 부동산업의 고용인구(생산액)}}{\text{A지역 총산업의 고용인구(생산액)}}}{\dfrac{\text{전국 부동산업의 고용인구(생산액)}}{\text{전국 총산업의 고용인구(생산액)}}} = \dfrac{\dfrac{100}{300}}{\dfrac{500}{900}} \fallingdotseq \dfrac{0.333}{0.555} = 0.6$

정답 | 01 ②

출제유형 16 입지계수(LQ)　109

02 상 중 하

X와 Y지역의 산업별 고용자 수가 다음과 같을 때, X지역의 입지계수(LQ)에 따른 기반 산업의 개수는? (단, 주어진 조건에 한함)

제34회

구분	X지역	Y지역	전지역
A산업	30	50	80
B산업	50	40	90
C산업	60	50	110
D산업	100	20	120
E산업	80	60	140
전산업 고용자 수	320	220	540

① 0개   ② 1개
③ 2개   ④ 3개
⑤ 4개

해설

- 입지계수(LQ) = $\dfrac{\text{지역의 X산업 고용비율}}{\text{전국의 X산업 고용비율}}$ = $\dfrac{\dfrac{\text{지역의 X산업 고용인구}}{\text{지역의 총고용인구}}}{\dfrac{\text{전국의 X산업 고용인구}}{\text{전국의 총고용인구}}}$

- 입지계수(LQ) > 1 ⇨ 기반산업
- 입지계수(LQ) < 1 ⇨ 비기반산업

X지역에서 입지계수(LQ)가 1보다 큰 산업(기반산업)은 D산업 1개이다.

- A산업 약 0.628 = $\dfrac{\dfrac{30}{320} ≒ 0.093}{\dfrac{80}{540} ≒ 0.148}$,
- B산업 약 0.939 = $\dfrac{\dfrac{50}{320} ≒ 0.156}{\dfrac{90}{540} ≒ 0.166}$

- C산업 약 0.921 = $\dfrac{\dfrac{60}{320} ≒ 0.187}{\dfrac{110}{540} ≒ 0.203}$,
- D산업 약 1.405 = $\dfrac{\dfrac{100}{320} ≒ 0.312}{\dfrac{120}{540} ≒ 0.222}$

- E산업 약 0.965 = $\dfrac{\dfrac{80}{320} = 0.25}{\dfrac{140}{540} ≒ 0.259}$

03
상 중 하

각 지역과 산업별 고용자 수가 다음과 같을 때, A지역 X산업과 B지역 Y산업의 입지계수 (LQ)를 올바르게 계산한 것은? (단, 주어진 조건에 한하며, 결괏값은 소수점 셋째자리에서 반올림함)

제30회

구분		A지역	B지역	전지역 고용자 수
X산업	고용자 수	100	140	240
	입지계수	(㉠)	1.17	
Y산업	고용자 수	100	60	160
	입지계수	1.25	(㉡)	
고용자 수 합계		200	200	400

① ㉠: 0.75, ㉡: 0.83
② ㉠: 0.75, ㉡: 1.33
③ ㉠: 0.83, ㉡: 0.75
④ ㉠: 0.83, ㉡: 1.20
⑤ ㉠: 0.83, ㉡: 1.33

해설

㉠ A지역의 X산업 입지계수 $= \dfrac{\dfrac{100}{200}}{\dfrac{240}{400}} ≒ 0.83$

㉡ B지역의 Y산업 입지계수 $= \dfrac{\dfrac{60}{200}}{\dfrac{160}{400}} = 0.75$

📖 더 알아보기

$$입지계수(LQ) = \frac{지역의 \ X산업 \ 고용률}{전국의 \ X산업 \ 고용률}$$

04
상 중 하

각 도시의 산업별 고용자 수가 다음과 같을 때 X산업의 입지계수(locational quotient)가 '1'을 초과하는 도시를 모두 고른 것은? (단, 주어진 조건에 한함)　제27회

(단위: 명)

구분	A도시	B도시	C도시	D도시	전국
X산업	400	1,200	650	1,100	3,350
Y산업	600	800	500	1,000	2,900
합계	1,000	2,000	1,150	2,100	6,250

① A, B
② A, C
③ B, C
④ B, D
⑤ C, D

해설

입지계수(LQ) 수식의 분모값(전국의 X산업비율)은 $0.536(= \dfrac{3,350}{6,250})$으로 동일하다.

- A도시 X산업의 입지계수(LQ) $= \dfrac{\dfrac{400}{1,000}}{\dfrac{3,350}{6,250}} = \dfrac{0.4}{0.536} ≒ 0.746$

- B도시 X산업의 입지계수(LQ) $= \dfrac{\dfrac{1,200}{2,000}}{\dfrac{3,350}{6,250}} = \dfrac{0.6}{0.536} ≒ 1.119$

- C도시 X산업의 입지계수(LQ) $= \dfrac{\dfrac{650}{1,150}}{\dfrac{3,350}{6,250}} ≒ \dfrac{0.565}{0.536} ≒ 1.054$

- D도시 X산업의 입지계수(LQ) $= \dfrac{\dfrac{1,100}{2,100}}{\dfrac{3,350}{6,250}} ≒ \dfrac{0.524}{0.536} ≒ 0.978$

따라서 B도시와 C도시의 X산업은 입지계수가 '1'보다 큰 기반산업이다.

05

상중 하

각 지역과 산업별 고용자 수가 다음과 같을 때, A지역과 B지역에서 입지계수(LQ)에 따른 기반산업의 개수는? (단, 주어진 조건에 한하며, 결괏값은 소수점 셋째자리에서 반올림함)

제32회

구분		A지역	B지역	전지역 고용자 수
X산업	고용자 수	30	50	80
	입지계수	0.79	?	
Y산업	고용자 수	30	30	60
	입지계수	?	?	
Z산업	고용자 수	30	20	50
	입지계수	?	0.76	
고용자 수 합계		90	100	190

① A지역: 0개, B지역: 1개
② A지역: 1개, B지역: 0개
③ A지역: 1개, B지역: 1개
④ A지역: 1개, B지역: 2개
⑤ A지역: 2개, B지역: 1개

해설

1. A지역에서 입지계수에 따른 기반산업의 개수

- A지역 Y산업의 입지계수(LQ) = $\dfrac{\frac{30}{90}}{\frac{60}{190}}$ = $\dfrac{약\ 0.333}{약\ 0.315}$ ≒ 1.057

- A지역 Z산업의 입지계수(LQ) = $\dfrac{\frac{30}{90}}{\frac{50}{190}}$ = $\dfrac{약\ 0.333}{약\ 0.263}$ ≒ 1.266

∴ A지역에서는 Y산업과 Z산업이 입지계수가 1보다 크기 때문에 Y, Z산업 2개가 기반산업이다.

2. B지역에서 입지계수에 따른 기반사업의 개수

- B지역 X산업의 입지계수(LQ) = $\dfrac{\frac{50}{100}}{\frac{80}{190}}$ = $\dfrac{약\ 0.5}{약\ 0.421}$ ≒ 1.187

- B지역 Y산업의 입지계수(LQ) = $\dfrac{\frac{30}{100}}{\frac{60}{190}}$ = $\dfrac{약\ 0.3}{약\ 0.315}$ ≒ 0.952

∴ B지역에서는 X산업의 입지계수가 1보다 크기 때문에 X산업 1개가 기반산업이다.

| 04 ③   05 ⑤

부동산개발 및 관리론

출제유형 16 입지계수(LQ)   113

출제유형 **17** 비율임대차

🔆 **Tip** • 비율임대차는 주로 매장용(상업용) 부동산에 적용되는 임대차유형(임대료 결정방법)으로, 기본임대료에 매출액이 늘어난 비율만큼 추가로 임대료를 결정하는 방법이다.
　　　• 최근에 출제되었으므로 동유형의 문제가 출제될 가능성을 대비하여 둔다.
　　　• 기출된 문제를 변형하여 계산과정의 결과인 연간 임대료가 아닌 계산의 중간 과정인 기본임대료나 손익분기점 임대료를 요구하는 문제가 출제될 수 있다.
　　　• 기본임대료 3,000만원 = 단위면적당 임대료(P) 6만원 × 면적(Q) 500m²

계산 Point

1. 비율임대차에 의한 임대료 계산 순서

• 문제의 보기에서 기본임대료를 찾는다. ⇨ 기본임대료 × 면적
• 예상매출액 임대료를 찾는다. ⇨ 예상매출액 임대료 × 면적
• 문제에서 제시된 손익분기점 매출액을 확인한 다음 예상매출액에서 손익분기점 매출액을 공제하여 추가임대료를 구한다.
• 추가임대료(예상임대료 – 손익분기점 매출액)에 제시된 임대료율(비율)을 곱한다.

2. 비율임대차에 의한 연 임대료

> 비율임대차에 의한 추가임대료 = 기본임대료 + 추가임대료* × 초과분의 일정 비율
>
> *추가임대료 = 예상매출액 – 손익분기점 매출액

01

상중하

A회사는 분양면적 500m²의 매장을 손익분기점 매출액 이하이면 기본임대료만 부담하고, 손익분기점 매출액을 초과하는 매출액에 대하여 일정 임대료율을 적용한 추가임대료를 가산하는 비율임대차(percentage lease)방식으로 임차하고자 한다. 향후 1년 동안 A회사가 지급할 것으로 예상되는 연 임대료는? (단, 주어진 조건에 한하며, 연간 기준임)

제30회

- 예상매출액: 분양면적 m²당 20만원
- 기본임대료: 분양면적 m²당 6만원
- 손익분기점 매출액: 5,000만원
- 손익분기점 매출액 초과 매출액에 대한 임대료율: 10%

① 3,200만원   ② 3,300만원

③ 3,400만원   ④ 3,500만원

⑤ 3,600만원

해설

비율임대차에 의한 임대료 = 기본임대료 + 추가임대료(총수입의 일정비율)
= (6만원 × 500m²) + [(20만원 × 500m²) − 5,000만원] × 0.1(10%) = 3,500만원
= 3,000만원 + (1억원 − 5,000만원) × 0.1 = 3,500만원

02 임차인 A는 작년 1년 동안 분양면적 1,000m²의 매장을 비율임대차(percentage lease) 방식으로 임차하였다. 계약내용에 따르면, 매출액이 손익분기점 매출액 이하이면 기본임대료만 지급하고, 이를 초과하는 매출액에 대해서는 일정 임대료율을 적용한 추가임대료를 기본임대료에 가산하도록 하였다. 전년도 연 임대료로 총 5,500만원을 지급한 경우, 해당 계약내용에 따른 손익분기점 매출액은? (단, 연간 기준이며 주어진 조건에 한함)

제31회

> • 기본임대료: 분양면적 m²당 5만원
> • 손익분기점 매출액을 초과하는 매출액에 대한 임대료율: 5%
> • 매출액: 분양면적 m²당 30만원

① 1억 6,000만원   ② 1억 7,000만원
③ 1억 8,000만원   ④ 1억 9,000만원
⑤ 2억원

해설

비율임대차에 의한 총 임대료 = 기본임대료 + 추가임대료

• 5,500만원 = 5,000만원(= m²당 5만원 × 1,000m²) + [(m²당 30만원 × 1,000m² − 손익분기점 매출액 x원) × 0.05]
• 5,500만원 = 기본임대료 5,000만원 + 추가임대료[= (3억원 − 손익분기점 매출액 x원) × 0.05]
해당 수식에서 추가임대료가 500만원이 되어야 총 임대료가 5,500만원이다.
즉, 추가임대료는 (3억원 − 손익분기점 매출액 x원) × 0.05 = 500만원이다.
추가임대료를 구하는 과정에서 3억원 − 손익분기점 매출액 x원 = 1억원이 되어야 하므로,
∴ 손익분기점 매출액(x)은 2억원이 된다. ⇐ (예상매출액 3억원 − 손익분기점 매출액 2억원) × 0.05 = 추가임대료 500만원

🔍 비율임대차에 의한 총 임대료 5,500만원
= 기본임대료 5,000만원 + 추가임대료 500만원[= (예상매출액 3억원 − 손익분기점 매출액 2억원) × 0.05]

03 상 중 하

A회사는 전년도에 임대면적 750m²의 매장을 비율 임대차(percentage lease)방식으로 임차하였다. 계약 내용에 따르면, 매출액이 손익분기점 매출액 이하이면 기본임대료만 지급하고, 이를 초과하는 매출액에 대해서는 일정 임대료율을 적용한 추가임대료를 기본임대료에 가산하도록 하였다. 전년도 연임대료로 총 12,000만원을 지급한 경우, 해당 계약 내용에 따른 추가임대료율은? (단, 연간 기준이며, 주어진 조건에 한함) _{제34회}

- 전년도 매출액: 임대면적 m²당 100만원
- 손익분기점 매출액: 임대면적 m²당 60만원
- 기본임대료: 임대면적 m²당 10만원

① 15% ② 20%
③ 25% ④ 30%
⑤ 35%

해설

비율임대차에 의한 임대료 = 기본임대료 + 추가임대료

- 1.2억원 = 10만원 × 750m² + (100만원 × 750m² − 60만원 × 750m²) × (x)%
- 1.2억원 = 기본임대료 7,500만원 + (7.5억원 − 4.5억원) × (x)%

해당 수식에서 추가임대료[(7.5억원 − 4.5억원) × (x)%]는 4,500만원이다.

∴ 추가임대료는 3억원 × (x)% = 4,500만원이 되므로, 추가임대료율(%)은 4,500만원 ÷ 3억원 = 15%(0.15)이다.

PART 5

부동산개발 및 관리론

PART 6
10 문제

5개년 출제
문제 수
47개

PART 6

부동산감정평가론

출제유형 18 시산가액의 조정

💡 Tip • 투자론에서 가중평균 방법으로 기대수익률을 구하는 것처럼, 시산가액의 조정에서도 가중평균 개념이 활용된다.
  • 계산문제로 출제 빈도는 높지 않지만, 시산가액의 조정은 「감정평가에 관한 규칙」에서 규정하고 있으므로 개념상
    정리는 중요하다.
  • 원가방식(적산가액), 비교방식(비준가액), 수익방식(수익가액)의 세 가지 감정평가방식에 대한 개념이 선행(구분)되어야
    하고, 이를 적용하여 계산하는 것이다.

계산 Point

1. 시산가액의 개념
• 적산가액, 비준가액, 수익가액은 대상부동산의 감정평가액을 산출하는 과정에서 도출된
  각각의 시산가액이다.
• 부동산시장은 불완전하기 때문에 각 방식으로 산정한 시산가액이 일치하지 않으므로 이에
  대한 조정이 필요하다. ⇨ 가중평균 등의 방법을 사용한다(산술평균 ×).

2. 시산가액의 조정(「감정평가에 관한 규칙」)
• 감정평가법인등은 대상물건별로 정한 감정평가방법(주된 방법)을 적용하여 감정평가해야
  한다. 다만, 주된 방법을 적용하는 것이 곤란하거나 부적절한 경우에는 다른 감정평가방
  법을 적용할 수 있다.
• 감정평가법인등은 대상물건의 감정평가액을 결정하기 위하여 어느 하나의 감정평가방법
  을 적용하여 산정한 가액(시산가액)을 다른 감정평가방법에 속하는 하나 이상의 감정평
  가방법으로 산출한 시산가액과 비교하여 합리성을 검토해야 한다. 다만, 대상물건의 특
  성 등으로 인하여 다른 감정평가방법을 적용하는 것이 곤란하거나 불필요할 경우에는 그
  렇지 않다.
• 감정평가법인등은 산출한 시산가액이 합리성이 없다고 판단되는 경우에는 주된 방법 및
  다른 감정평가방법으로 산출한 시산가액을 조정하여 감정평가액을 결정할 수 있다.

3. 계산과정에서 가중치(비중) 단위의 정리
  예 50% ⇨ 0.5, 20% ⇨ 0.2, 30% ⇨ 0.3

4. 시산가액 조정(산정과정)을 통한 감정평가액

  감정평가액 = (가중치 × 적산가액) + (가중치 × 비준가액) + (가중치 × 수익가액)

01

상**중**하

다음 자료를 활용하여 시산가액 조정을 통해 구한 감정평가액은? (단, 주어진 조건에 한함)

제27회

- 거래사례를 통해 구한 시산가액(가치): 1.2억원
- 조성비용을 통해 구한 시산가액(가치): 1.1억원
- 임대료를 통해 구한 시산가액(가치): 1.0억원
- 시산가액 조정 방법: 가중치를 부여하는 방법
- 가중치: 원가방식 20%, 비교방식 50%, 수익방식 30%를 적용함

---

① 1.09억원

② 1.10억원

③ 1.11억원

④ 1.12억원

⑤ 1.13억원

해설

각 방식의 주어진 가중치에 시산가액을 곱하여 이를 가중평균하여 구한다.

- 거래사례를 통하여 구한 시산가액(가치): 1.2억원 ⇨ 비교방식
- 조성비용을 통하여 구한 시산가액(가치): 1.1억원 ⇨ 원가방식
- 임대료를 통하여 구한 시산가액(가치): 1.0억원 ⇨ 수익방식

∴ 감정평가액 = (0.2 × 1.1억원) + (0.5 × 1.2억원) + (0.3 × 1.0억원) = 1.12억원

출제유형 19 원가법(적산가액)

💡 **Tip** • 기출된 문제가 주기적으로 반복되는 경우가 있으므로, 학습역량을 고려하여 제한된 시간 안에 해결이 가능한 문제를 선별하여 준비하여야 한다.
   • 정액법: 적산가액 = 재조달원가 − 감가수정(누계액)
    ⇨ 재조달원가 자체만, 또는 감가수정(누계)액 자체만 구하는 문제가 출제되기도 한다.
   • 신축(준공)시점 2014년, 기준시점 2024년, 경제적 내용연수 40년일 경우
    ⇨ 경과연수 10년 + 잔존 경제적 내용연수 30년 = (全)경제적 내용연수 40년

계산 Point

1. 재조달원가

① 재조달원가 구성요소 = 직접공사비, 간접공사비 + 수급인의 적정이윤

② 도급원가를 기준으로 하되 신축시점부터 기준시점까지 건축비 등의 변동을 반영한다.

예 건축비 시점수정 $1.25 = \dfrac{\text{기준시점의 지수 } 125}{\text{신축시점의 지수 } 100}$

• 지가변동률을 반영한 건축비 시점수정 = $(1 + r)^n$

③ 전체 재조달원가를 건물의 연면적으로 나누면 단위면적(m^2)당 재조달원가가 계산된다.

2. 정액법의 감가수정(누계)액 및 적산가액

• 매년(초기) 감가액 = $\dfrac{\text{(재조달원가 − 잔존가치) = 감가총액}}{\text{경제적 내용연수}}$

• 감가누계액 = 매년의 감가액 × 경과연수

• 적산가액 = 재조달원가 − 감가누계액(감가수정액)

잔존가치는 신축원가가 아닌 재조달원가를 기준으로 계산한다.

예 재조달원가 4억원 × 잔가율 0.1(10%) ⇨ 잔존가치 4천만원

3. 정률법을 적용한 적산가액 ⇨ 기계, 기구, 설비 등

• 매년 감가액 = 전년 말 잔존가액 × 감가율

• 적산가액 = 재조달원가 × (1 − 매년 감가율)^{경과연수}

  = 재조달원가 × (전년대비 잔가율)^{경과연수}

예 전년대비 잔가율이 70%이면, 매년 감가율은 30%이다.

01

상중하

다음 자료를 활용하여 산정한 A건물의 m²당 재조달원가는?

제20회

- A건물은 10년 전에 준공된 4층 건물이다(대지면적 400m², 연면적 1,250m²).
- A건물의 준공 당시 공사비 내역(단위: 천원)

직접공사비	270,000
간접공사비	30,000
공사비 계	300,000
개발업자의 이윤	60,000
총계	360,000

- 10년 전 건축비지수 100, 가격시점 현재 135

① 388,800원/m²

② 324,000원/m²

③ 288,000원/m²

④ 240,000원/m²

⑤ 216,000원/m²

해설

- 재조달원가에는 직접공사비, 간접공사비, 개발업자(수급인)의 이윤이 포함된다.
- 재조달원가는 기준시점에서 산정하여야 하므로, 10년 전 건축비지수와 기준시점의 건축비지수를 비교하여(건축비의 변동을 반영하여) 재조달원가를 산정한다.
- 준공원가(신축 당시 공사비) × $\dfrac{기준시점\ 건축비지수}{10년\ 전\ 건축비지수}$ ⇨ 360,000,000원 × $\dfrac{135}{100}$ = 재조달원가 486,000,000원

∴ 건물의 m²당 재조달원가를 묻고 있으므로 재조달원가 486,000,000원을 건물의 연면적 1,250m²로 나누면 388,800원/m²가

된다[단위 면적(m²)당 재조달원가 388,800원/m² = $\dfrac{486,000,000원}{연면적\ 1,250m²}$].

02 다음 건물의 m²당 재조달원가는? (단, 주어진 조건에 한함)

제25회

- 20년 전 준공된 5층 건물(대지면적 500m², 연면적 1,450m²)
- 준공 당시의 공사비내역

직접공사비	300,000,000원
간접공사비	30,000,000원
공사비 계	330,000,000원
개발업자의 이윤	70,000,000원
총계	400,000,000원

- 20년 전 건축비지수: 100, 기준시점 건축비지수: 145

① 250,000원 ② 300,000원
③ 350,000원 ④ 400,000원
⑤ 450,000원

해설

건축비의 변동(20년 전 건축비지수 100 ⇨ 기준시점 건축비지수 145)을 반영하여 재조달원가를 구하고, 이를 건물의 연면적으로 나누어서 계산한다.

⇨ 재조달원가 = 400,000,000원 × 1.45(= $\frac{145}{100}$) = 580,000,000원

∴ m²당 재조달원가 = $\frac{580,000,000원}{연면적\ 1,450m^2}$ = 400,000원/m²

03 원가법에 의한 대상물건 기준시점의 감가수정액은?

제25회

- 준공시점: 2009년 6월 30일
- 기준시점: 2014년 6월 30일
- 기준시점 재조달원가: 200,000,000원
- 경제적 내용연수: 50년
- 감가수정은 정액법에 의하고, 내용연수 만료시 잔존가치율은 10%

① 17,000,000원 ② 18,000,000원
③ 19,000,000원 ④ 20,000,000원
⑤ 21,000,000원

재조달원가가 2억원이고 잔가율(재조달원가 기준)이 10%이므로 잔존가치는 2,000만원(= 재조달원가 2억원 × 10%)이다.

⇨ 정액법에 의한 매년 감가액 = $\dfrac{\text{감가총액 1억 8,000만원[= 재조달원가(2억원) − 잔존가치(2,000만원)]}}{\text{경제적 내용연수(50년)}}$ = 360만원

따라서, 준공시점부터 기준시점까지 경과연수가 5년이므로 감가수정액(감가누계액)은 1,800만원(= 360만원 × 5년)이다.

04 상중하 원가법에 의한 대상물건의 적산가액은? (단, 주어진 조건에 한함) 제31회

- 사용승인일의 신축공사비: 6천만원(신축공사비는 적정함)
- 사용승인일: 2018.9.1.
- 기준시점: 2020.9.1.
- 건축비지수
  - 2018.9.1. = 100
  - 2020.9.1. = 110
- 경제적 내용연수: 40년
- 감가수정방법: 정액법
- 내용연수 만료시 잔가율: 10%

① 57,300,000원   ② 59,300,000원   ③ 62,700,000원

④ 63,030,000원   ⑤ 72,600,000원

- '적산가액 = 재조달원가 − 감가수정(감가누계액)' 공식을 이용한다.
- 신축시점(100)과 기준시점(110)간의 건축비지수의 변동을 감안하여 기준시점에서 재조달원가를 구한다.
  ⇨ 재조달원가 6,600만원 = 신축공사비 6,000만원 × 1.1(= 110/100)
- 내용연수 만료시 잔가율이 10%이므로, 잔존가치는 660만원[= 재조달원가 6,600만원 × 잔가율 0.1(10%)]이다.
  따라서, 감가총액은 5,940만원(= 재조달원가 6,600만원 − 잔존가치 660만원)이다.
- 경제적 내용연수 40년 = 경과연수 2년 + 잔존 경제적 내용연수 38년
- 초기(매년)감가액 1,485,000원 = $\dfrac{\text{감가총액 5,940만원[= 재조달원가 6,600만원 − 잔존가치 660만원]}}{\text{경제적 내용연수 40년}}$
- 감가누계액 2,970,000원 = 초기(매년)감가액 1,485,000원 × 경과연수 2년
∴ 적산가액 = 재조달원가 6,600만원 − 감가수정(감가누계액) 297만원 = 6,303만원

더 알아보기

원가법

적산가액 = 재조달원가 − 감가수정(감가누계액)

05 상중하 다음 자료를 활용하여 원가법으로 산정한 대상건물의 시산가액은? (단, 주어진 조건에 한함)

- 대상건물 현황: 철근콘크리트조, 단독주택, 연면적 250m²
- 기준시점: 2023.10.28.
- 사용승인일: 2015.10.28.
- 사용승인일의 신축공사비: 1,200,000원/m²(신축공사비는 적정함)
- 건축비지수(건설공사비지수)
  - 2015.10.28.: 100
  - 2023.10.28.: 150
- 경제적 내용연수: 50년
- 감가수정방법: 정액법
- 내용연수 만료시 잔존가치 없음

① 246,000,000원
② 252,000,000원
③ 258,000,000원
④ 369,000,000원
⑤ 378,000,000원

해설

1. 경과연수 8년 + 잔존 경제적 내용연수 42년 = 전(全) 경제적 내용연수 50년

2. 사용승인일부터 기준시점까지 건축비 변동: $\dfrac{\text{기준시점의 건축비지수 150}}{\text{사용승인일(신축시점) 건축비지수 100}} = 1.5$

3. 재조달원가 4.5억원 = 1,200,000원/m² × 연면적 250m² × 건축비 변동분 1.5

4. 매년 일정한 감가액 900만원 = $\dfrac{\text{감가총액(= 재조달원가 4.5억원 - 잔존가치 0)}}{\text{경제적 내용연수 50년}}$

5. 감가누계액 7,200만원 = 매년 감가액 900만원 × 경과연수 8년

∴ 적산가액 378,000,000원 = 재조달원가 4.5억원 - 감가누계액 7,200만원

06

상중 하

원가법에 의한 공장건물의 적산가액은? (단, 주어진 조건에 한함)

제28회

- 신축공사비: 8,000만원
- 준공시점: 2015년 9월 30일
- 기준시점: 2017년 9월 30일
- 건축비지수
  - 2015년 9월: 100
  - 2017년 9월: 125
- 전년대비 잔가율: 70%
- 신축공사비는 준공 당시 재조달원가로 적정하며, 감가수정방법은 공장건물이 설비에 가까운 점을 고려하여 정률법을 적용함

① 3,920만원   ② 4,900만원

③ 5,600만원   ④ 7,000만원

⑤ 1억원

해설

- 경과연수: 준공시점 2015년 9월 30일에서 기준시점 2017년 9월 30일까지 ⇨ 2년
- 공사비(건축비)의 변동을 고려하여 재조달원가를 계산한다.

  ⇨ 재조달원가 = 신축공사비(8,000만원) $\times \dfrac{125}{100}$ = 1억원

- 전년대비 잔가율이 70%이므로, 이를 활용하여 적산가액을 구한다.

  ∴ 적산가액 = 재조달원가(1억원) $\times (0.7)^2$

  　　　　　 = 1억원 $\times$ 0.49 = 4,900만원

더 알아보기

정률법에 의한 적산가액 = 재조달원가 $\times$ (1 − 매년 감가율)^{경과연수}

　　　　　　　　　　　 = 재조달원가 $\times$ (전년대비 잔가율)^{경과연수}

07

상**중**하

다음 (   )에 들어갈 숫자를 순서대로 나열한 것은? (단, 주어진 조건에 한함) 제28회

> • 원가법 적용시, 경제적 내용연수 30년, 최종잔가율 10%, 정액법으로 감가수정할 경우,
>   재조달원가 대비 매년 감가액의 비율은 (   )%다.
> • 거래사례비교법 적용시, 거래사례가 인근 정상 거래가격 대비 20% 저가(低價)에 매도
>   된 것을 확인하고 사정보정치에 (   )를(을) 적용했다.

① 3, 0.80

② 3, 1.25

③ 3.33, 0.80

④ 3.33, 1.20

⑤ 3.33, 1.25

해설

• 최종잔가율이 10%라고 제시되었으므로, 총 감가율은 90%이다. 정액법에 따른 감가액의 비율은 총 감가율(감가총액) 90%를
  경제적 내용연수 30년으로 나누어서 구한다.

  ∴ 정액법에 따른 감가액의 비율 = $\dfrac{총감가율(90\%)}{경제적\ 내용연수(30년)}$ = 3%

• 거래사례가 정상거래가격 대비 20% 저가에 매도되었으므로, 분모 값인 거래사례의 기준값 100에서 20을 공제(차감)하여 사정보
  정치를 구한다.

  ∴ 사정보정치 = $\dfrac{대상부동산}{사례부동산}$ = $\dfrac{100}{100-20}$ = 1.25

거래사례비교법(비준가액),
공시지가기준법(토지가액)

💡 **Tip**
- 출제빈도가 높은 편이며, 논리적 흐름이나 계산과정이 복잡하지 않기 때문에 기출문제를 활용하여 연습해두면 충분히 해결이 가능한 분야이다.
- 수(手) 작업으로는 해결이 곤란한 문제가 출제되기도 하기 때문에 계산기를 준비하여 연습한다.
- 문제의 조건 〈박스〉내용이 긴 편이므로, 마음의 여유를 갖고 문제를 잘 읽고 계산에 사용되는 조건을 잘 표시해야만 계산과정에서 실수를 줄일 수 있다.
- 대상부동산이 주거용일 때, 사례부동산에 주거용과 상업용이 제시될 때에는 사례부동산을 주거용으로 선택해야 한다.

계산 **Point**

1. 거래사례비교법

비준가액 = 사례부동산가격(거래사례) × 사정보정 × 시점수정 × 가치형성요인 비교 등

2. 공시지가기준법

토지가액 = 비교표준지 × 시점수정 × 지역요인 비교 × 개별요인 비교 × 그 밖의 요인 보정

3. 별다른 조건이 없으면 분자 값은 대상부동산의 현황을, 분모 값은 사례부동산(例 표준지 등) 의 현황을 배치하여 산정한다.

⇨ $\dfrac{\text{대상부동산 } 100 \pm \alpha}{\text{사례부동산 } 100 \pm \beta}$, $\dfrac{\text{기준시점의 지수}}{\text{거래시점의 지수}}$, $\dfrac{\text{인근지역의 현황}}{\text{유사지역의 현황}}$, $\dfrac{\text{대상부동산 면적}}{\text{사례부동산 면적}}$

4. 상승식으로 계산한다. ⇨ 각 보정치(계산 값)를 곱하기(×) 한다.

例 $1.1\left(\dfrac{110}{100}\right) \times 1.2\left(\dfrac{120}{100}\right) \times 0.9\left(\dfrac{90}{100}\right)$

5. 사례부동산의 사정보정치를 구할 때에는 분자 값에 사례부동산을, 분모 값에 대상부동산을 배치한다.

사례부동산의 사정보정치 = $\dfrac{\text{사례부동산}}{\text{대상부동산}}$

01
상 중 **하**

감정평가의 대상이 되는 부동산(이하 대상부동산이라 함)과 거래사례부동산의 개별요인 항목별 비교내용이 다음과 같은 경우 상승식으로 산정한 개별요인 비교치는? (단, 주어진 조건에 한하며, 결괏값은 소수점 넷째 자리에서 반올림함)

제29회

- 가로의 폭·구조 등의 상태에서 대상부동산이 5% 우세함
- 고객의 유동성과의 적합성에서 대상부동산이 3% 열세함
- 형상 및 고저는 동일함
- 행정상의 규제정도에서 대상부동산이 4% 우세함

---

① 1.015
② 1.029
③ 1.035
④ 1.059
⑤ 1.060

해설

- 대상부동산이 5% 우세하므로 $1.05\left(=\dfrac{105}{100}\right)$이다.

- 대상부동산이 3% 열세이므로 $0.97\left(=\dfrac{97}{100}\right)$이다.

- 대상부동산이 4% 우세이므로 $1.04\left(=\dfrac{104}{100}\right)$이다.

∴ 상승식(곱하기)으로 산정한 개별요인 비교치 = $1.05 \times 0.97 \times 1.04 = 1.05924$

  ⇨ 소수점 넷째 자리에서 반올림하면 1.059이다.

02 평가대상부동산이 속한 지역과 사례부동산이 속한 지역이 다음과 같은 격차를 보이는 경우,
상승식으로 산정한 지역요인의 비교치는? (단, 격차내역은 사례부동산이 속한 지역을
100으로 산정할 경우의 비준치이며, 결괏값은 소수점 넷째 자리에서 반올림함) 제23회

비교항목	격차내역
기타조건	−2
환경조건	+3
가로조건	−1
접근조건	+4
행정적 조건	0

① 1.031

② 1.033

③ 1.035

④ 1.037

⑤ 1.039

해설

$$지역요인비교치 = \frac{인근지역의\ 현황\ 100 \pm \alpha}{유사지역의\ 현황\ 100 \pm \beta}$$

$$\frac{(100 - 2)}{100} \times \frac{(100 + 3)}{100} \times \frac{(100 - 1)}{100} \times \frac{(100 + 4)}{100} \times \frac{100}{100}$$
$$= 0.98 \times 1.03 \times 0.99 \times 1.04 \times 1 ≒ 1.039$$

03 <small>상</small>중<small>하</small> 다음 사례부동산의 사정보정치는 얼마인가? 제23회

- 면적이 1,000m²인 토지를 100,000,000원에 구입하였으나, 이는 인근의 표준적인 획지보다 고가로 매입한 것으로 확인되었음
- 표준적인 획지의 정상가격이 80,000원/m²으로 조사되었음

① 0.50   ② 0.60

③ 0.70   ④ 0.80

⑤ 0.90

해설

- 사례부동산의 사정보정치를 구하여야 하므로, 사례부동산과 대상부동산의 분모와 분자를 바꾸어 계산한다.

- 대상부동산 m²당 가격 = $\dfrac{100,000,000원}{1,000m²}$ = 100,000원

∴ 사례부동산의 사정보정치 = $\dfrac{사례부동산(80,000원)}{대상부동산(100,000원)}$ = 0.80

04 <small>상</small>중<small>하</small> 제시된 자료를 활용하여 「감정평가에 관한 규칙」에서 정한 공시지가기준법으로 평가한 토지평가액(원/m²)은? 제26회

- 기준시점: 2015.10.24.
- 소재지 등: A시 B구 C동 177, 제2종 일반주거지역, 면적 200m²
- 비교표준지: A시 B구 C동 123, 제2종 일반주거지역, 2015.1.1. 공시지가 2,000,000원/m²
- 지가변동률(2015.1.1. ~ 2015.10.24.): A시 B구 주거지역 5% 상승
- 지역요인: 대상토지가 비교표준지의 인근지역에 위치하여 동일
- 개별요인: 대상토지가 비교표준지에 비하여 가로조건은 5% 열세, 환경조건은 20% 우세하고 다른 조건은 동일(상승식으로 계산할 것)
- 그 밖의 요인으로 보정할 사항 없음

① 1,995,000원/m²   ② 2,100,000원/m²

③ 2,280,000원/m²   ④ 2,394,000원/m²

⑤ 2,520,000원/m²

토지가격(가액) = 비교표준지 × 시점수정 × 지역요인비교 × 개별요인 비교 × 그 밖의 요인 보정

$$= 2,000,000원/m^2 \times \frac{105}{100} \times \frac{95}{100} \times \frac{120}{100} = 2,394,000원/m^2$$

05 상중하

다음 자료를 활용하여 공시지가기준법으로 평가한 대상토지의 가액(원/㎡)은? (단, 주어진 조건에 한함)

제30회

- 소재지 등: A시 B구 C동 100, 일반상업지역, 상업용
- 기준시점: 2019.10.26.
- 표준지공시지가(A시 B구 C동, 2019.1.1.기준)

기호	소재지	용도지역	이용상황	공시지가(원/m²)
1	C동 90	일반공업지역	상업용	1,000,000
2	C동 110	일반상업지역	상업용	2,000,000

- 지가변동률(A시, B구, 2019.1.1.~2019.10.26.)
  - 공업지역: 4% 상승
  - 상업지역: 5% 상승
- 지역요인: 표준지와 대상토지는 인근지역에 위치하여 지역요인은 동일함
- 개별요인: 대상토지는 표준지 기호 1, 2에 비해 각각 가로조건에서 10% 우세하고, 다른 조건은 동일함(상승식으로 계산할 것)
- 그 밖의 요인으로 보정할 사항 없음

① 1,144,000
② 1,155,000
③ 2,100,000
④ 2,288,000
⑤ 2,310,000

- 대상토지가 A시 B구 C동 100, 일반상업지역, 상업용 토지이므로 비교표준지(사례)는 기호 2번인 상업용 토지가 된다(표준지 기호 1번은 사용하지 않으며, 지가변동률의 공업지역 4% 상승도 사용하지 않는다).
- 지가변동률은 상업지역 5% 상승이므로, 시점수정치는 1.05(= $\frac{105}{100}$)이다.
- 개별요인은 대상토지는 표준지 기호 2에 비해 가로조건에서 10% 우세하므로, 그 비교치는 1.1(= $\frac{110}{100}$)이다.

∴ 토지가액 = 비교표준지 × 시점수정 × 지역요인비교 × 개별요인비교 × 그 밖의 요인 보정
= 2,000,000원 × 1.05 × 1.1 = 2,310,000(원/m²)

06 상**중**하 다음 자료를 활용하여 공시지가기준법으로 산정한 대상토지의 단위면적당 시산가액 (원/m²)은? (단, 주어진 조건에 한함) 제34회

- 대상토지 현황: A시 B구 C동 120번지, 일반상업지역, 상업용
- 기준시점: 2023.10.28.
- 표준공시지가(A시 B구 C동, 2023.01.01. 기준)

기호	소재지	용도지역	이용상황	공시지가(원/m²)
1	C동 110	준주거지역	상업용	6,000,000
2	C동 130	일반상업지역	상업용	8,000,000

- 지가변동률 (A시 B구, 2023.01.01~ 2023.10.28)
  - 주거지역: 3% 상승
  - 상업지역: 5% 상승
- 지역요인: 표준지와 대상토지는 인근지역에 위치하여 지역요인이 동일함
- 개별요인: 대상토지는 표준지 기호 1에 비해 개별요인 10% 우세하고, 표준지 기호 2에 비해 개별요인 3% 열세함
- 그 밖의 요인 보정: 대상토지 인근지역의 가치형성 요인이 유사한 정상적인 거래사례 및 평가사례 등을 고려하여 그 밖의 요인으로 50% 증액 보정함
- 상승식으로 계산할 것

---

① 6,798,000원/m²   ② 8,148,000원/m²

③ 10,197,000원/m²   ④ 12,222,000원/m²

⑤ 13,860,000원/m²

해설

> 토지가액 = 비교표준지 × 시점수정 × 지역요인 비교 × 개별요인 비교 × 그 밖의 요인 보정

대상토지가 일반상업지역에 속하는 상업용이므로, 기호 2번이 비교표준지(사례토지)가 된다(표준지 기호 1번의 내용은 사용하지 않으며, 지가변동률의 주거지역 4% 상승도 사용하지 않는다).

- 지가변동률: 상업지역 5% 상승 ⇨ $\frac{105}{100} = 1.05$

- 개별요인: 3% 열세함 ⇨ $\frac{100 - 3}{100} = 0.97$

- 그 밖의 요인 보정: 50% 증액보정 ⇨ $\frac{100 + 50}{100} = 1.5$

따라서, 대상 토지가액은 12,222,000원/m²(= 800만원 × 1.05 × 0.97 × 1.5)이다.

07 상중하 다음 자료를 활용하여 공시지가기준법으로 산정한 대상토지의 가액(원/㎡)은? (단, 주어진 조건에 한함)

제32회

- 대상토지: A시 B구 C동 320번지, 일반상업지역
- 기준시점: 2021.10.30.
- 비교표준지: A시 B구 C동 300번지, 일반상업지역, 2021.1.1. 기준 공시지가 10,000,000원/㎡
- 지가변동률(A시 B구, 2021.1.1.~2021.10.30): 상업지역 5% 상승
- 지역요인: 대상토지와 비교표준지의 지역요인은 동일함
- 개별요인: 대상토지는 비교표준지에 비해 가로조건 10% 우세, 환경조건 20% 열세하고, 다른 조건은 동일함(상승식으로 계산할 것)
- 그 밖의 요인 보정치: 1.50

① 9,240,000
② 11,340,000
③ 13,860,000
④ 17,010,000
⑤ 20,790,000

해설

- 시점수정치: $1.05 \left(= \dfrac{105}{100} \right)$

- 가로조건: $1.1 \left(= \dfrac{110}{100} \right)$

- 환경조건: $0.8 \left(= \dfrac{80}{100} \right)$

- 그 밖의 요인 보정: $1.5 \left(= \dfrac{150}{100} \right)$

∴ 10,000,000원/㎡ × 1.05 × 1.1 × 0.8 × 1.50 = 13,860,000원/㎡

📑 더 알아보기

공시지가기준법

> 토지가액 = 비교표준지 × 시점수정 × 지역요인 비교 × 개별요인 비교 × 그 밖의 요인 보정

08

상중하

다음 자료를 활용하여 거래사례비교법으로 산정한 토지의 비준가액은? (단, 주어진 조건에 한함)

제33회

- 대상토지: A시 B구 C동 350번지, 150m²(면적), 대(지목), 주상용(이용상황), 제2종 일반주거지역(용도지역)
- 기준시점: 2022.10.29.
- 거래사례
  - 소재지: A시 B구 C동 340번지
  - 200m²(면적), 대(지목), 주상용(이용상황)
  - 제2종 일반주거지역(용도지역)
  - 거래가격: 800,000,000원
  - 거래시점: 2022.6.1.
- 사정보정치: 0.9
- 지가변동률(A시 B구, 2022.6.1.~2022.10.29.): 주거지역 5% 상승, 상업지역 4% 상승
- 지역요인: 거래사례와 동일
- 개별요인: 거래사례에 비해 5% 열세
- 상승식으로 계산

① 533,520,000원
② 538,650,000원
③ 592,800,000원
④ 595,350,000원
⑤ 598,500,000원

해설

- 공시지가기준법이 아닌 거래사례비교법에 의해서 대상토지가액을 구하는 문제이다.
- 대상토지가 제2종 일반주거지역에 소재하므로, 시점수정을 할 때에는 주거지역 5% 상승을 사용한다(상업지역 4% 상승은 활용하지 않는다).
- 비준가액 = 사례부동산가격 × 사정보정 × 시점수정 × 가치형성요인 비교 등

$$\therefore 538,650,000원 = 8억원 × 사정보정치 0.9\left(=\frac{90}{100}\right) × 시점수정치 1.05\left(=\frac{105}{100}\right) × 개별요인비교치 0.95\left(=\frac{95}{100}\right)$$

$$× 면적비교치 0.75\left(=\frac{대상토지\ 150m^2}{사례토지\ 200m^2}\right)$$

출제유형 **21** 환원이율(자본환원율), 수익환원법(수익가액)

💡 **Tip**
- 수익환원법은 'PART3 부동산투자론'의 논리적 흐름(영업수지 계산, 현재가치, 할인율, 요구수익률 등의 개념 활용)이 연계되므로 'PART3 부동산투자론'과 같은 요령으로 대응한다.
- 환원이율(자본환원율)과 수익가액 계산문제는 정형화된 문제이므로 기출된 문제를 학습해두면 충분히 해결이 가능하다. ⇨ 부동산투자론 계산문제보다 대부분 난이도가 낮다.
- 순영업소득의 계산과 가중평균의 방법으로 환원이율을 구할 수 있어야 수익가액 계산이 가능하다.
- 부채감당법에 의해 환원이율을 구하는 공식은 암기하여 대비하여야 한다.

계산 **Point**

1. 수익환원법의 개념

① 수익환원법이란 대상물건이 장래 산출할 것으로 기대되는 순수익이나 미래의 현금흐름을 환원하거나 할인하여 대상물건의 가액을 산정하는 감정평가방법을 말한다.

$$수익가액 = \frac{장래\ 순영업소득}{환원이율(=\ 자본수익률\ \pm\ 자본회수율)} \Rightarrow 직접환원법$$

② 분모 값 환원이율은 물리적 투자결합법(가중평균)으로 계산하는 경우가 있다.

$$환원이율 = (토지\ 가격구성비율 \times 토지환원이율) + (건물\ 가격구성비율 \times 건물환원이율)$$

㉔ $0.08(8\%) = (0.6 \times 10\%) + (0.4 \times 5\%)$ ⇨ 일반적으로 가격구성비율과 개별환원이율은 문제의 조건으로 제시됨

2. 환원이율(자본환원율 · 종합환원율 · 환원율)

① 수익가액을 구하기 위한 할인율(= 기회비용 · 요구수익률)이지만, 수익률(⇨ 총투자수익률, 종합자본환원율) 개념으로 사용되기도 한다.

$$환원이율(자본환원율) = \frac{순영업소득}{부동산가액(총투자액)}$$

② 부채감당법에 의한 환원이율 계산

- 환원이율 = 부채감당률 × 대부(저당)비율 × 저당상수

- 환원이율 = $\dfrac{순영업소득}{부채서비스액} \times \dfrac{융자금}{부동산가치} \times \dfrac{부채서비스액(원리금)}{융자금}$

PART 6

부동산감정평가론

01

상중하

다음 〈보기〉의 자료를 이용해 환원이율(capitalization rate)을 바르게 계산한 것은? 제18회

〈보기〉
- 총투자액: 200,000천원
- 연간 가능총소득(potential gross income): 19,500천원
- 연간 기타소득: 1,000천원
- 연간 공실에 따른 손실: 500천원
- 연간 영업경비(operating expenses): 연간 유효총소득(effective gross income)의 40%

① 6% ② 9.5% ③ 9.75% ④ 10% ⑤ 10.25%

해설

- '환원이율 = 자본(종합)환원율'이다.
- 순영업소득의 계산

	가능조소득	1,950만원
−	공실 및 불량부채	50만원
+	기타소득	100만원
	유효조소득	2,000만원
−	영업경비	800만원*
	순영업소득	1,200만원

  * 영업경비 800만원 = 유효총소득 2,000만원 × 0.4(40%)
- 총투자액 2억원 = 부동산가치(가액) 2억원

∴ 환원이율 0.06(6%) = $\dfrac{\text{순영업소득 1,200만원}}{\text{부동산가치(가액) 2억원}}$

02

상중하

다음과 같은 조건에서 대상부동산의 수익가액(수익가치)을 산정할 때 적용할 환원이율 (capitalization rate, %)은?

제24회 수정

- 순영업소득(NOI): 연 30,000,000원
- 부채서비스액(debt service): 연 15,000,000원
- 지분비율:대부비율 = 60%:40%
- 대출조건: 이자율 연 12%로 10년간 매년 원리금균등상환
- 저당상수(이자율 연 12%, 기간 10년): 0.177

① 3.54 ② 5.31 ③ 14.16
④ 20.40 ⑤ 21.24

부채감당법을 활용한 환원이율(자본환원율)의 계산 = 부채감당률$\left(= \dfrac{\text{순영업소득}}{\text{부채서비스액}}\right)$ × 대부(저당)비율 × 저당상수

$$= \dfrac{30,000,000원}{15,000,000원} \times 0.4(40\%) \times 0.177 = 14.16\%(0.1416)$$

03 상중하

다음 자료를 활용하여 직접환원법으로 평가한 대상부동산의 수익가액은? (단, 주어진 조건에 한하며, 연간 기준임)

제30회

- 가능총소득: 8,000만원
- 공실손실상당액 및 대손충당금: 가능총소득의 10%
- 수선유지비: 400만원
- 화재보험료: 100만원
- 재산세: 200만원
- 영업소득세: 300만원
- 부채서비스액: 500만원
- 환원율: 10%

① 5억 7천만원
② 6억원
③ 6억 5천만원
④ 6억 7천만원
⑤ 6억 8천만원

- 해당 문제의 조건 중에서 영업소득세, 부채서비스액은 계산과정에 필요하지 않다(수선유지비, 화재보험료, 재산세 3가지 항목은 영업경비에 해당한다).
- 유효총소득 = 가능총소득(8,000만원) − 공실 및 대손충당금(= 8,000만원 × 0.1) = 7,200만원
- 순영업소득 = 유효총소득(7,200만원) − 영업경비(= 400만원 + 100만원 + 200만원) = 6,500만원

∴ 부동산가치(수익가액) = $\dfrac{\text{순영업소득(6,500만원)}}{\text{환원이율(0.1)}}$ = 6억 5천만원

PART 6 부동산감정평가론

04 상**중**하 다음 자료를 활용하여 수익환원법을 적용한 평가대상 근린생활시설의 수익가액은? (단, 주어진 조건에 한하며 연간 기준임) 제28회

- 가능총소득: 5,000만원
- 공실손실상당액: 가능총소득의 5%
- 유지관리비: 가능총소득의 3%
- 부채서비스액: 1,000만원
- 화재보험료: 100만원
- 개인업무비: 가능총소득의 10%
- 기대이율 4%, 환원이율 5%

① 6억원 ② 7억 2,000만원
③ 8억 2,000만원 ④ 9억원
⑤ 11억 2,500만원

해설

- 해당 문제의 조건 중에서 부채서비스액, 개인업무비, 기대이율은 계산과정에 필요하지 않다.
- 유효총소득 = 가능총소득(5,000만원) − 대손충당금(250만원, 가능총소득의 5%) = 4,750만원
- 영업경비 = 유지관리비(150만원, 가능총소득의 3%) + 화재보험료(100만원) = 250만원
- 순영업소득 = 유효총소득(4,750만원) − 영업경비(250만원) = 4,500만원

$$\therefore\ 수익가액 = \frac{순영업소득(4,500만원)}{환원이율(0.05)} = 9억원$$

05
상중하

다음 자료를 활용하여 산정한 대상부동산의 수익가액은? (단, 연간 기준이며, 주어진 조건에 한함)

제33회

> • 가능총소득(PGI): 44,000,000원
> • 공실손실상당액 및 대손충당금: 가능총소득의 10%
> • 운영경비(OE): 가능총소득의 2.5%
> • 대상부동산의 가치구성비율: 토지(60%), 건물(40%)
> • 토지환원율: 5%, 건물환원율: 10%
> • 환원방법: 직접환원법
> • 환원율 산정방법: 물리적 투자결합법

① 396,000,000원
② 440,000,000원
③ 550,000,000원
④ 770,000,000원
⑤ 792,000,000원

해설

1. 수익환원법(직접환원법)에 의한 수익가액을 구하는 문제이다.

$$수익가액 = \frac{장래\ 순영업소득}{환원(이)율}$$

2. 순영업소득 38,500,000원의 계산과정
   • 공실손실상당액 및 대손충당금 4,400,000원 = 가능총소득 44,000,000원 × 0.1(10%)
   • 유효총소득 39,600,000원 = 가능총소득 44,000,000원 − 공실손실상당액 및 대손충당금 4,400,000원
   • 운영경비(영업경비) 1,100,000원 = 가능총소득 44,000,000원 × 0.025(2.5%)
     ⇨ 순영업소득 38,500,000원 = 유효총소득 39,600,000원 − 운영경비(영업경비) 1,100,000원
3. 물리적 투자결합법에 의한 환원(이)율 0.07(7%)의 산정과정
   (토지가격 구성비율 × 토지환원율) + (건물가격 구성비율 × 건물환원율)
     ⇨ 7%(0.07) = (0.6 × 5%) + (0.4 × 10%)
∴ 수익가액 550,000,000원 = $\dfrac{장래\ 순영업소득\ 38,500,000원}{환원(이)율\ 0.07}$

정답 | 04 ④　05 ③

PART 6
부동산감정평가론

06 다음과 같은 조건하에 수익환원법에 의해 평가한 대상부동산의 가치는? 제24회

상 중 하

- 유효총소득(ECI): 38,000,000원
- 영업경비(OE): 8,000,000원
- 토지가액 : 건물가액 = 40% : 60%
- 토지환원이율: 5%
- 건물환원이율: 10%

① 325,000,000원 ② 375,000,000원

③ 425,000,000원 ④ 475,000,000원

⑤ 500,000,000원

해설

물리적 투자결합법으로 환원이율을 구하고, 순영업소득을 환원하여 부동산가치를 구한다.

- 순영업소득 = 유효총소득 − 영업경비 = 38,000,000원 − 8,000,000원 = 30,000,000원
- 종합환원이율 = (토지가격구성비율 0.4 × 토지환원이율 5%) + (건물가격구성비율 0.6 × 건물환원이율 10%) = 8%

따라서 부동산가치 = $\dfrac{\text{순영업소득}}{\text{환원이율}}$ = $\dfrac{30,000,000원}{0.08}$ = 375,000,000원이다.

Memo

Memo

저자 약력

신관식 교수
부동산학 석사(부동산금융학)

현 │ 해커스 공인중개사학원 부동산학개론 대표강사
해커스 공인중개사 부동산학개론 동영상강의 대표강사

전 │ 세종공인중개사학원, 전주한교고시학원 부동산학개론 강사 역임
분당 · 노량진 · 구리 · 대전 박문각 부동산학개론 강사 역임

저서 │ 부동산학개론(문제집) 공저, 도서출판 박문각, 2011
부동산학개론(부교재), 도서출판 색지, 2007~2014
부동산학개론(기본서), 해커스패스, 2015~2024
부동산학개론(계산문제집), 해커스패스, 2023
부동산학개론(출제예상문제집), 해커스패스, 2015~2023
공인중개사 1차(기초입문서), 해커스패스, 2021~2024
공인중개사 1차(핵심요약집), 해커스패스, 2015~2023
공인중개사 1차(단원별 기출문제집), 해커스패스, 2020~2023
공인중개사 1차(회차별 기출문제집), 해커스패스, 2022~2023
공인중개사 1차(실전모의고사), 해커스패스, 2023

해커스 공인중개사
3일완성 계산문제집
1차 부동산학개론

개정2판 1쇄 발행 2024년 1월 22일

지은이	신관식, 해커스 공인중개사시험 연구소 공편저
펴낸곳	해커스패스
펴낸이	해커스 공인중개사 출판팀

주소	서울시 강남구 강남대로 428 해커스 공인중개사
고객센터	1588-2332
교재 관련 문의	land@pass.com
	해커스 공인중개사 사이트(land.Hackers.com) 1:1 무료상담
	카카오톡 플러스 친구 [해커스 공인중개사]
학원 강의 및 동영상강의	land.Hackers.com

ISBN	979-11-6999-764-5 (13320)
Serial Number	02-01-01

공인중개사 시험 전문,
해커스 공인중개사 land.Hackers.com

해커스 공인중개사

• 해커스 공인중개사학원 및 동영상강의
• 해커스 공인중개사 온라인 전국 실전모의고사
• 해커스 공인중개사 무료 학습자료 및 필수 합격정보 제공